# DÉVELOPPER SON INTUITION

même quand on a l'esprit fermé

DJOHAR SI AHMED
GÉRALD LEROY-TERQUEM

# DÉVELOPPER SON INTUITION

## même quand on a l'esprit fermé

HARMONIE SOLAR
EDITIONS

# Sommaire

Chapitre 1

# L'intuition

## Intuition… vous avez dit intuition ?

Je le savais bien…
J'en étais sûr…
J'en avais le pressentiment…
J'aurais dû m'écouter, écouter mon instinct…
Pas de nouvelles de X depuis trois ans, j'en ai rêvé cette nuit et il m'appelle…
Je savais que c'était lui (ou elle) avant de décrocher, etc.

Nous nous sommes tous dit cela, au moins une fois dans notre vie, exprimant ainsi cette faculté que nous possédons tous, au moins *a minima* : l'intuition.

Mais de quoi s'agit-il, au juste ? Littré parle d'une « connaissance soudaine, spontanée, indépendante de toute démonstration ». Pour nous éclairer davantage, voyons ce que nous en dit son étymologie. Nous découvrons ainsi qu'« intuition » vient du latin et possède une double racine : *intus* et *tueri,* et donc un double sens.

*Intus* signifie à l'intérieur de, donc être à l'intérieur de l'objet ou de la personne sur laquelle (lequel) va se porter cette faculté intuitive, ce qui évoque l'expression « se mettre à la place de l'autre ». *Intus,* c'est bien cette connaissance immédiate qui se passe de démonstration et qui est en relation avec cette faculté mystérieuse qui nous permet d'être (pour une part de nous-mêmes) à l'intérieur de l'autre, faire comme si nous étions cet autre. C'est l'instinct, selon Bergson.

*Tueri* signifie voir ou porter son regard vers. Donc une attitude distanciée qui nous permet de regarder et de penser ce qui est regardé. C'est l'intelligence, toujours selon Bergson.

Comment est-il possible d'être à la fois à l'intérieur d'une personne ou d'un objet et d'avoir envers elle ou lui une attitude et un regard distanciés ?

La seule possibilité de sortir de cette contradiction est d'envisager deux parties de nous-mêmes en interaction, l'une intuitive, l'autre intelligente. On peut donc considérer l'intuition comme une reprise par notre intelligence (on pourrait dire aussi par notre conscience) de ce qui nous est révélé par l'instinct. Un jeu qui, pour notre plus grande perte, a été réprimé, refoulé, censuré et, pire encore, tabouisé.

## Rencontres

L'intuition, jamais clairement explicitée, est restée pour nous longtemps énigmatique. C'est de notre propre cheminement et des rencontres échelonnées tout au long de notre vie qu'ont pu surgir quelques lumières.

Quand nous étions encore enfant, ces mots de Saint-Exupéry dans *Le Petit Prince :* on ne voit bien qu'avec le cœur… ont résonné en nous et nous ont toujours accompagnés. Le cœur servirait-il à voir ?

Nous n'étions pas à l'époque en mesure de comprendre cette disposition impliquant un certain amour de l'autre, une bienveillance, une sympathie, une compassion, un certain altruisme. Éprouver de la sympathie signifie ressentir avec l'autre ou ressentir ensemble et parce que l'on se sent bien ensemble. Existence donc d'un lien subtil, c'est-à-dire « se tissant par en-dessous », permettant l'accès à une certaine connaissance de l'autre et de son monde intérieur. Mais en dessous de quoi ? Des apparences, de la logique, des données sensorielles et des informatives habituelles. On pense aussi à la phrase de Carlos Castaneda : « Ce chemin a-t-il un cœur ? » Une première attitude sur laquelle vous pouvez vous arrêter et méditer.

Une autre phrase, entendue au début de nos études (de psychiatrie), et qui devint un repère essentiel dans notre appréhension de l'autre et de nous-mêmes face à l'autre :

« Lorsque vous vous trouvez face à un patient comme d'ailleurs dans la vie face à n'importe qui, ce n'est ni en le regardant ni en lui posant des questions que vous apprendrez quoi que ce soit sur lui. En posant des questions vous n'obtiendrez que des réponses. C'est en vous arrêtant sur vous-même, sur la nature de vos ressentis, en examinant ce qui se passe en vous quand vous êtes en relation avec lui... que vous pourrez commencer à le connaître. »

## *S'ouvrir à son monde intérieur*

Cette citation est en totale contradiction avec tout ce que nous avions appris jusque-là, mais elle est essentielle aussi bien dans la vie de tous les jours que dans la pratique psychothérapique. Évidemment, dans un tel processus, ce n'est pas de notre conscience habituelle qu'il s'agit mais d'une conscience « subliminale », c'est-à-dire sous le seuil de notre conscience habituelle. Développer son intuition consiste à ramener à notre conscience habituelle toutes ces informations tapies dans les profondeurs de nous-mêmes quand nous sommes en relation avec l'autre. Il s'agit bien d'un « sens intérieur » à développer ou, expression plus exacte, à désinhiber.

Une illustration nous en fut donnée quelques années plus tard en découvrant la biographie de celui qui est considéré comme le tout premier psychothérapeute du monde occidental, Franz Anton Mesmer. Découverte aussi de toute l'importance qu'il accordait à ce fameux sens interne, dans sa vie comme dans sa pratique de magnétiseur. Il avait appris à aiguiser ce sens interne par de longues promenades en forêt où, comme Rimbaud un siècle plus tard, il laissait émerger en lui ce sentiment de communion avec la nature qui était aussi une ouverture à son monde intérieur. Une belle façon, à la portée de tous, de se reconnecter avec ce sens interne, que l'on peut aussi appeler sixième sens.

### *Retrouver les modes de communication*

Puis ce furent ces reportages télévisés sur la vie des chasseurs amazoniens qui savent fort bien, lorsqu'ils sont à la chasse, se prémunir de tous les dangers et plus encore garder le contact avec les autres membres de la tribu, les avertir du moindre incident, de leur retour, du résultat de leur chasse et cela sans le moindre talkie-walkie. Pourquoi les chasseurs amazoniens ont-ils à ce point développé leurs capacités intuitives ? Probablement pour des raisons de survie dans un milieu hostile et dangereux. Dans les sociétés hyper sécurisées que sont les nôtres, ces capacités ont perdu en grande partie leur raison d'être. Au point que parfois leur existence même est remise en question.

Mais il existe aussi une autre raison à la perte de ces modes de communication : le développement extrême des portables et Internet. On peut joindre n'importe qui, n'importe où, en une fraction de seconde et en un simple clic, par SMS, par Internet.

### *Une fonction refoulée*

De temps à autre, et notamment lors des exercices pour développer l'intuition, faites l'expérience suivante, pendant une heure, une demi-journée, une journée ou plus si vous le pouvez.

**Être seul avec soi-même**

- Fermez vos portables.
- Rangez vos tablettes, débranchez vos téléphones fixes et répondeurs.
- Faites de même avec vos ordinateurs.
- Observez ce qui se passe, découvrez le plaisir d'être seul avec vous-même, ou avec la personne qui partage votre vie.
- Faites quelques-uns des exercices proposés dans ce livre (sauf celui du téléphone, qui doit resté débranché).
- Pensez à la personne que vous voulez joindre et envoyez-lui mentalement vos pensées, en l'imaginant vous écouter, vous regarder.
- Notez tout cela dans votre carnet de rêves et ou d'intuition.

L'intuition est en fait une fonction refoulée et on perçoit confusément qu'il s'agit là d'une richesse perdue qu'on aimerait bien retrouver. Mais (c'est une loi) ce qui est refoulé ne manque jamais de faire retour, par les propositions mentionnées au tout début de ce livre, par des flashes ou des rêves télépathico-prémonitoires... Ce que nous n'avons pas manqué d'observer nous-mêmes dans notre vie quotidienne.

## *La fonction psi*

Un peu plus tard nous en avons subodoré les vertus thérapeutiques. L'intuition et la télépathie qui la sous-tend ont fini par faire partie de notre univers.

C'est ainsi que nous nous sommes intéressés à ces capacités subtiles de l'être humain encore appelées fonction psi. Psi (de la lettre grecque) est un terme proposé en 1942 par l'Américain Thouless pour désigner les interactions de l'esprit, de la conscience avec le monde environnant, ce qui inclut la télépathie, la clairvoyance, la prémonition, la rétrocognition mais aussi la psychokinèse (action de la conscience sur la matière, que nous n'aborderons pas ici).

C'est cette expérience de plus de vingt-cinq ans que nous voudrions partager avec vous en nous centrant sur l'intuition, comprise comme une émergence à notre conscience de ce que nos capacités psi ont pu nous amener à percevoir. L'intuition est donc un terme pudique qui cache des capacités extraordinaires de l'être humain et qu'il n'est pas toujours de bon ton d'aborder frontalement. Perçues et vécues avec force dans notre vie quotidienne, dès les débuts de notre vie professionnelle en hôpital psychiatrique, puis dans notre travail de psychanalyste, l'idée nous est venue de participer à des groupes d'entraînement à la télépathie puis d'en organiser nous-mêmes. Un peu plus tard nous avons compris, notamment grâce à Stanislav Grof, ce que pouvait signifier cette notion de « changement d'état de conscience », l'affranchissement des limites spatio-temporelles que la conscience pouvait connaître en ces états et le parti qu'il était possible d'en tirer sur le plan thérapeutique. C'est ainsi que nous avons suivi une formation auprès de Grof puis proposé des stages de Respiration Holotropique.

## Trois étapes de notre cheminement

1. La reconnaissance de l'intuition dans notre vie quotidienne et dans le cadre des psychothérapies et des psychanalyses.
2. Son abord de façon plus systématisée, mais très ludique, dans les Groupes d'entraînement à la télépathie (GET).
3. Son expression sous une forme majeure, mais très cadrée, dans les sessions de Travail de Respiration Holotropique (TRH).

À qui s'adressent les GET ? À qui s'adresse le TRH ? À qui s'adressent ces exercices ? Quel en est le but ? Quand les pratiquer ? Toutes ces questions présupposeraient une gradation et l'existence d'une autorité supérieure pouvant guider vos choix, vous orienter, savoir mieux que vous ce qui pourrait être bon pour vous dans ce cheminement qui vous conduirait à recouvrer puis à développer votre intuition. Ce n'est pas ainsi que les choses peuvent se définir, l'envie, le désir de faire tel ou tel exercice, de participer à un GET ou à un TRH ne peut venir que de vous-même ; une sorte d'appel intérieur, la petite voix qui vous souffle, (ça, je le sens bien...), notre rôle se résumant ici à vous décrire de notre mieux ces différentes approches avec lesquelles vous pourrez peut-être vibrer.

## *Comprendre les enjeux pour un plus d'intuition*

Contrairement à maintes idées reçues, à beaucoup de présupposés, de croyances, l'intuition ne peut se penser en termes de performance. Elle refléterait plutôt et par tout ce qu'elle implique une certaine qualité de notre être et de notre évolution. Des qualités d'être qui nous sont parfois données d'emblée mais qu'il faut le plus souvent acquérir au fil d'un long cheminement dans lequel peuvent intervenir pêle-mêle épreuves, réflexions, apprentissage (c'est là que les exercices peuvent trouver leur place), découvertes de notre monde intérieur, renoncements, réaménagements inconscients, remises en question, prises de conscience, ouvertures et fermetures.

Avant d'aborder l'intuition, la façon dont elle peut émerger, se développer par le biais de quelques exercices, nous allons maintenant ensemble comprendre, expliciter les formidables enjeux que recouvrent ce mot et cette fonction, ainsi que la notion de fermeture.

La compréhension de ces enjeux est déjà en elle-même une étape essentielle dans ce cheminement vers un plus d'intuition. Ces enjeux sont à la fois historiques, intellectuels et personnels.

Personnels car l'intuition reflète, comme nous venons de le dire, notre degré d'évolution dont elle serait le témoin, une sorte de baromètre.

Historiques et intellectuels car l'intuition, par son côté irrationnel, n'a jamais été considérée comme un « objet bon à penser », ce qui fut aussi le cas de l'hypnose jusqu'à ces dernières années. Nous vous proposons dans les pages qui suivent de vous amener à penser, avec nous, à ce qu'intuition veut dire.

## Les mouvements intérieurs de l'intuition

Trois sortes d'informations nous parviennent du monde extérieur.

**1.** Celles qui nous viennent de nos perceptions sensorielles et des discours qui nous sont adressés, dont une partie seulement sera pleinement conscientisée et reprise par notre pensée en vue d'élaborer une réponse (verbale ou comportementale).

**2.** Celles que nous percevons à l'insu des personnes que nous rencontrons (gestuelle, mimique, regard, expression, posture). La plupart de ces informations, dites métacommunicatives, n'atteignent pas notre conscience vigile. Il est tout à fait possible d'apprendre à les décoder, ce qui enrichira notre appréhension de l'autre, confortant ainsi l'approche intuitive que nous pouvons en avoir par ailleurs.

**3.** Celles que l'on perçoit télépathiquement ou prémonitoirement. C'est ici que se situe l'essentiel de l'intuition. Tout dépendra de cette composante et de l'importance que nous lui accordons, à commencer par la reconnaissance de son existence. L'intuition implique aussi un minimum d'ouverture à l'autre. De même qu'il est impossible de voir si on ferme les yeux, il est impossible d'accéder à l'intuition et à la fonction psi qui la sous-tend si nous en nions l'existence et si nous nous fermons à l'autre, à une certaine perception de l'autre. Ces perceptions sont dans un premier temps totalement inconscientes. Elles n'en existent pas moins à l'intérieur de nous-mêmes sous la forme de ressentis qui s'expriment dans notre corps. C'est donc en s'ouvrant à la perception de ces ressentis, en leur donnant la place qu'ils méritent, que les images et le sens dont ils sont porteurs vont pouvoir être conscientisés. Cette intuition, lorsqu'elle s'exprimera, pourra prendre différentes formes : impulsion, choix qui s'impose, brusque conviction, image ou perception plus ou moins déformée par le travail intérieur (celui qui fait passer le sens et les images en relation avec un ressenti, de l'inconscient et/ou du préconscient à notre conscient).

## Les fausses intuitions

Certaines perceptions se présentent pour celui qui les vit comme de véritables intuitions, sortes de convictions irréfutables alors même qu'elles sont totalement erronées. Ce qui n'avait pas échappé à Hergé. Dans *Vol 714 pour Sydney,* Tintin et le capitaine Haddock déambulent dans un aéroport dans l'attente d'une correspondance. Haddock avise soudain, au détour d'une allée, un « pauvre homme » assis sur son siège, un peu replié sur lui-même, assez mal vêtu, perdu dans ces pensées. Un flot de pensées charitables submerge Haddock. C'est sûrement un pauvre émigré, il a dû dépenser jusqu'à son dernier sou pour payer son billet, quel marasme doit vivre cet homme qui a faim ! Que va-t-il trouver quand il arrivera ? Haddock s'émeut, l'idée lui vient de glisser subrepticement un billet de cinq dollars dans la doublure de son chapeau, tombé par terre et qu'il lui rend de façon seigneuriale. Puis il se met à fantasmer l'heureuse surprise du pauvre hère lorsqu'il découvrira ce don providentiel... Un peu plus tard, et par un hasard de circonstances (une synchronicité), Haddock et Tintin sont présentés à ce pauvre hère, qui se trouve être Carreidas (le bien nommé) patron d'un consortium aéronautique et de diverses multinationales, un multimilliardaire attendant son jet privé...

Au-delà de l'effet comique de cette péripétie, une question se pose. Que s'est-il passé ? Pour quelles raisons la perception de Haddock a-t-elle été à ce point entachée d'une si grossière erreur ? La réponse est simple. Haddock est habité (hanté serait plus juste) par un scénario inconscient : porter secours ou assistance, un scénario qu'il remet en scène chaque fois qu'il est confronté à une situation ou à une vision qui le lui permet. Deux albums plus loin *(Les Bijoux de la Castafiore),* Haddock invitera des gitans à venir camper sur les pelouses de son château. Toujours et encore porter secours ou assistance. Haddock, comme la plupart d'entre nous, voit le monde à travers le filtre d'un scénario inconscient mis en place dans les premiers âges de sa vie (ou plutôt celle d'Hergé projetée sur Haddock). Il croit voir le monde, la réalité extérieure, mais il n'en a en l'occurrence qu'une perception déformée. Son intuition s'est ici égarée.

Les projections sont de fausses intuitions et il n'est pas toujours facile de les repérer. Quant à cette réalité extérieure, elle peut être physique, situationnelle ou psychique (parfois un peu tout cela à la fois). Apprenons à voir le monde et les autres de façon plus juste, cessons de projeter ce qui nous appartient sur les autres, limitons nos projections pour laisser un peu plus de place à une véritable intuition, débarrassons-nous de ces lunettes déformantes. Apprenons à faire le tri entre ces images qui correspondent à une sorte de projection que nous aurions tendance à mettre en place de façon plus ou moins systématique et celles qui correspondent vraiment à une réalité (psychique ou matérielle). Apprenons à tester la fiabilité de ce que nous ressentons et contemplons au-dedans de nous-mêmes.

De même qu'un ordinateur fonctionne avec certains programmes ou logiciels, notre psyché utilise des programmes à l'origine de traitements d'information qui peuvent être totalement inadaptés. Ces programmes, il est tout à fait possible de les repérer et de les changer, moyennant quelques stratégies et quelques aménagements.

## L'intuition, une affaire de ressentis

L'intuition est donc une contemplation au-dedans de soi-même, d'un ressenti (parfois référé à une perception psi). On aurait tendance à penser que ce que l'on ressent est une sorte de donnée incontournable, un socle incontestablement fiable. Cela n'est pas toujours vrai. Il s'agit d'une affirmation qui s'origine de la partie la plus consciente de nous-mêmes. Peut-on vraiment faire confiance à cette partie consciente de nous-mêmes ? Pas toujours.

Certains ressentis, même ceux qui proviennent de nos sens habituels, sont souvent soumis à des distorsions inscrites dans notre histoire, conditionnant et altérant le traitement que nous pouvons en faire, la conscience que nous pouvons (ou nous voulons) en avoir et parfois même le sentiment de leur légitimité.

Il y a aussi des degrés dans ces distorsions et ces censures. Il peut ainsi arriver que les perceptions et les ressentis eux-mêmes soient censurés, et non plus uniquement leur traitement. Un dispositif anti-intuition se met alors en place.

Retournons un instant à l'âge de trois ans : nous sommes au printemps, il fait beau, une mère emmène son enfant promener dans le parc. Il découvre la beauté du monde. Sur la pelouse du parc, une chose bizarre. Il n'a jamais rien vu de semblable : c'est long, c'est mou, ça se contracte, c'est plutôt froid, on dirait que c'est vivant. C'est une trouvaille et c'est vraiment extraordinaire. « Regarde, maman, ce que j'ai trouvé ! » « Ne touche pas à ça, c'est dégoûtant ! » Elle lui prend le lombric, le jette au loin et s'essuie les doigts. C'est ainsi que de l'émerveillable se transforme brusquement en dégoût. Un exemple parmi d'autres.

Si ce type d'événement se répète, et dans l'impossibilité, pour l'enfant, de contester le bien-fondé des paroles et des réactions de sa mère, on conçoit que le simple fait de ressentir ou de croire en la vérité de nos éprouvés devienne illégitime.

Bien plus tard, devenus adultes, nous continuons à porter en nous, dans notre monde imaginaire et inconscient, dans nos ressentis, cette scène et ses éprouvés. Si ce scénario est exceptionnel, nous sommes alors en mesure de le relativiser ; s'il s'est répété, il nous devient fort difficile de croire en l'authenticité de ce que nous percevons, nous ressentons, qui nous émeut. Un doute s'est installé. Celle qui est pour l'enfant la personne la plus importante du monde lui dit qu'il s'agit d'une horreur. Ce qu'il ressent n'est donc pas juste, la conséquence sera une fermeture.

Évidemment, la mère de la scène du lombric comme la mère de Caroline un peu plus loin se croient sincèrement de bonnes mères, appliquant des principes éducatifs qui ne leur semblent pas contestables, répétant elles-mêmes ce qu'elles ont pu vivre dans leur histoire. C'est peut-être ce qu'on pourrait leur reprocher : élever un enfant selon des principes qui empêchent d'appréhender la complexité des choses (vécues), qui empêchent de penser à ce qui surdétermine nos conduites de parent et celles de nos enfants.

Cette histoire vous est ici contée pour que vous appreniez à repérer, chacun dans votre vécu, les scénarios, les rejets, les brimades qui ont pu être à l'origine d'une fermeture à soi et aux autres.

### Qu'est-ce que l'intuition ?

- Une faculté que nous possédons tous, au moins *a minima,* au moins potentiellement.
- Fondée sur des ressentis qui expriment dans notre corps ce qui a été perçu par notre fonction psi (télépathie ou prémonition)
  - que nous pouvons ramener à notre conscience,
  - que nous ne devons ne pas confondre avec des projections.
- Elle n'est possible qu'en fonction :
  - d'une certaine harmonie relationnelle avec l'autre
  - ou avec notre environnement.
- Elle peut s'exprimer :
  - dans un dialogue (tenu à soi-même ou à l'autre)
  - ou dans un acte.

## Un immeuble à l'image de nous-mêmes

Imaginons un immeuble de trois étages.

**Au rez-de-chaussée :** le gardien de l'immeuble. Il n'a du monde (intérieur) qu'une vision assez limitée, l'entretien de la cour, le courrier dans les boîtes à lettres, les poubelles…

**Au premier étage :** un médecin qui reçoit beaucoup de patients. Il a le souci de se tenir au courant de l'évolution de sa discipline et se rend deux à trois fois par an dans des congrès. Il reste cependant très dubitatif voire franchement hostile à ces nouvelles médecines, quantiques notamment.

**Au deuxième étage :** une chanteuse d'opéra. On l'entend de temps en temps faire quelques vocalises. Elle a une vie affective et amoureuse assez mouvementée. Elle voyage beaucoup. Elle aime, lorsqu'elle est chez elle, recevoir ses nombreux amis dans des soirées parfois bruyantes. Les voisins en sont parfois importunés.

**Au troisième étage :** un romancier. Lui, c'est surtout intérieurement qu'il voyage. Ses romans n'ont qu'une diffusion assez limitée mais il a trouvé son public. On apprécie beaucoup son sens poétique et l'art avec lequel il sait donner vie à ses personnages.

Cela sans compter caves et greniers, dont nous ne parlerons pas ici et qui ont aussi leur fonction, celle de stocker des objets dont on n'a pas l'utilité immédiate mais qui font partie de l'univers de ces personnes. Un équivalent de la mémoire, consciente mais aussi inconsciente (on peut fort bien oublier ce qui a été engrangé).

Tel est le portrait de cet immeuble un peu bizarre et de ses occupants. Cet immeuble est en fait une représentation (à quelques nuances près) de notre monde intérieur, des différentes parties qui le constituent et des différents niveaux de conscience, de plus en plus « ouverts » au monde à mesure qu'ils sont élevés et que nous pouvons atteindre soit de façon habituelle, soit exceptionnelle. Ils peuvent toute notre vie rester une pure potentialité.

Apprenons donc à ce gardien, qui représente la partie la plus consciente et la plus rationnelle de nous-mêmes, à être moins timide, à converser un peu plus avec les occupants de son immeuble, qui sont (sans qu'il le sache) des autres lui-même. Il va falloir pour cela réaliser quelque progrès.

## La notion de cheminement et l'accès à l'intuition

> « Tout progrès doit venir de la partie intime de l'être et ne peut être ni forcé ni pressé par quoi que ce soit. Tout est gestation et mise à jour. Permettre à chaque impression, à chaque sentiment naissant de parvenir à son achèvement, à son plein développement, dans l'obscurité, l'inexprimable, l'inconscient, hors d'atteinte de sa propre intelligence, et attendre avec une profonde humilité le moment où naîtra une clarté nouvelle [...]. »
>
> Rainer Maria Rilke
> *Lettres à un jeune poète*

Naître à une clarté nouvelle, devenir intuitif lorsqu'on ne l'est pas, qu'on se refuse de l'être, lorsque l'on se sent fermé aux autres comme à soi-même, cela présuppose, comme le dit Rilke, de s'ouvrir à la partie intime de son être. Le « progrès » dont il est question, cette évolution de l'être ne peut pas, contrairement à ce qu'il proclame, être le seul fait d'une attente et d'une attitude passive. Il n'est pas possible non plus de le forcer. La seule voie envisageable est donc celle d'un travail sur soi, impliquant un processus, c'est-à-dire un ensemble de mouvements intérieurs et des réaménagements à promouvoir et qui ne peuvent s'envisager (sauf exception) que sur le long terme.

Surgit ici une question : est-il possible de faire seul un tel travail ? Certains le prétendent. Et, de fait, la vie peut avoir en elle-même cette fonction maturante, évolutive, à la faveur des drames, des deuils et des épreuves traversées, des disciplines que l'on s'impose, peut-être aussi à la faveur de certains exercices.

Tout dépend de la façon dont on surmonte ou pas les épreuves de la vie. Dans de nombreux cas ces épreuves vont entraîner des aménagements allant dans le sens d'un plus de fermeture (et donc d'un moins d'intuition) ; dans d'autres, des aménagements nouveaux corrélatifs d'une évolution de l'être et d'un plus d'ouverture.

Ces aménagements appartiennent au monde de l'inconscient, celui qui à notre insu surdétermine nos actes, nos paroles, nos comportements. Il n'est pas simplement fait de désirs refoulés. C'est toute une vie psychique qui se cache sous le seuil du conscient, une *conscience inconsciente* qui a ses programmes de vie et de survie. C'est aussi l'inconscient qui peut percevoir au-delà du temps et de l'espace nombre d'informations, celles qui fondent notre personnalité, celles qui sont nécessaires à nos prises de décision ou à notre évolution. Comment faire remonter ces informations vers le conscient ? C'est là une question centrale, qui sous-tend le titre de cet ouvrage.

La dimension de l'inconscient qui surdétermine notre mode d'être au monde (vis-à-vis duquel on peut être plutôt introverti ou plutôt extraverti) est largement sous-estimée dans la plupart des livres (et des sites) traitant de l'intuition et de son développement, au profit de considérations sur le mental à réduire au silence, voire à éradiquer.

Développer son intuition implique d'abord de se pencher, de découvrir, d'élaborer puis de dépasser les raisons « inconscientes » pour lesquelles nous nous sommes fermés. Un véritable processus. Le problème est donc entièrement reposé, reculé de deux crans : on ne peut développer son intuition que si l'on dépasse ce qui nous enferme, et pour ce faire il faudra mettre au jour les raisons. Il est difficile d'imaginer que ce processus puisse se réaliser entièrement par soi-même. De même qu'il n'est pas possible de se regarder sans l'aide d'un miroir, il n'est pas possible de prendre conscience des forces et dispositions inconscientes qui nous habitent sans l'aide d'un psychothérapeute.

Un thérapeute se définit comme une personne qui prend soin de l'être de la personne qui s'en remet à lui et qu'il accompagne dans un cheminement intérieur, telle est la définition du terme proposée au Ier siècle de notre ère par Philon d'Alexandrie. L'excuse de Rilke tient certainement au fait qu'il ait pu écrire ces lignes en une période où la psychothérapie (qui, sous une forme différente, existait déjà dans les temps anciens) était encore en ce début de XXe siècle à ses balbutiements, du moins en Occident.

En quoi consiste ce cheminement ? De multiples axes peuvent le définir.

## Les axes d'un cheminement psychothérapeutique

- Se libérer des contraintes qui pèsent sur nous et du fond de notre inconscient.
- Retrouver le sens des choses vécues qui nous ont conduits à opter pour un plus de fermeture.
- Trouver sa voie (celle qui n'est plus assujettie au désir d'autrui).
- Donner sa pleine forme aux ressentis encore nimbés d'obscurités inconscientes et rendre conscient ce qui ne l'était pas jusque là (cet objectif peut correspondre à une des définitions de l'intuition).
- C'est au terme d'un tel cheminement que l'intuition (tout comme la guérison) pourra advenir, c'est-à-dire venir vers soi.

Quelques exercices, proposés ou pas par un thérapeute, réalisés ou pas sous sa directive, peuvent avoir leur rôle dans ce cheminement et dans l'accès à un plus d'intuition. Nous leur avons accordé la place qui leur revient et porté l'accent sur des moments, des situations thérapeutiques au cours desquels des personnes qui se sont confiées à nous ont pu commencer à sortir de leur enfermement pour accéder à une vie plus ouverte (donc à un plus d'intuition).

Si on considère ce mot d'exercice dans un sens plus large afin de l'élargir à une démarche, on peut considérer que les GET et le TRH correspondent en tout point et par l'ouverture de conscience qu'ils impliquent à l'objectif de ce livre :

- les Groupes d'entraînement à la télépathie (GET) par l'accès, sous forme de jeu, à des informations totalement inaccessibles aux sens habituels. De ce point de vue on peut considérer, comme nous l'avons déjà évoqué, l'intuition comme une perception télépathique devenue consciente ;

- le Travail de respiration holotropique (TRH), qui permet souvent de conscientiser un matériel jusque-là totalement inaccessible mais pouvant empoisonner notre vie sans que nous le sachions. Cela par le biais d'une entrée dans des états de conscience modifiés.

Chapitre 2

# La fermeture

## Être fermé ?

### *Sommes-nous ouverts ? Sommes-nous fermés ?*

Tout comme une porte doit être ouverte ou fermée, une personne peut être extériorisée ou intériorisée. Extériorité est synonyme d'ouverture aux autres et intériorisation, de fermeture. Dans cette perspective les extravertis seraient plus intuitifs que les introvertis. Or ce n'est pas toujours vrai. Il ne faut pas confondre ce qui est de l'ordre d'un comportement (une façon de se conduire) et une attitude intérieure (la façon dont nous gérons notre monde intérieur et en particulier nos ressentis).

Être fermé, c'est avant tout l'être à ce qui se joue à l'intérieur de nous-mêmes. Ce n'est pas le résultat d'une libre décision. C'est une disposition qui s'origine du plus profond de notre être, impliquant une nécessité de survivre face à un environnement menaçant *en se fermant à ce qu'il pourrait nous faire ressentir*, ceci entraînant secondairement une attitude de mise à distance... et de fermeture. Il s'agit là d'un vécu des premiers âges toujours présent en nous-mêmes, même si dans la réalité actuelle cette menace n'existe plus. Elle n'existe plus dans le monde extérieur mais persiste dans notre monde intérieur sous la forme diffuse d'un sentiment d'insécurité qui colore la perception que nous pouvons avoir des autres et du monde. Elle peut être fondée dans un petit pourcentage de cas et totalement erronée dans la majorité des autres. Nous sommes sans le savoir les Haddock de notre vie quotidienne...

Dans les formes les plus extrêmes de fermeture, l'autre n'est plus perçu comme source possible d'apports, d'échanges de bienfaits et d'enrichissements mutuels psychiques et éventuellement matériels, mais comme une menace.

Être fermé, c'est aussi l'être à ce qui est nouveau, c'est-à-dire inconnu (donc menaçant), les relations aux autres ou les valeurs et les idées. Ainsi la fermeture peut-elle être considérée comme une sorte d'attribut de la société occidentale, ce dont témoigne l'extrême difficulté à remettre en question les modes de pensée qui sont les nôtres pour s'ouvrir à de nouveaux, si efficients qu'ils puissent être. Les exemples ne manquent pas, que ce soit dans le domaine des sciences physiques ou celui des sciences humaines.

On peut être fermé à ce qui n'est pas soi, ses références, ses valeurs, son mode d'être au monde, son modèle du monde. Ce qui s'oppose point par point à celui de l'ouverture. Dans le premier cas nous sommes sans cesse menacés d'agression et pire encore de destruction par tout ce qui vient du dehors. Dans le second, au contraire, nous nous structurons, nous nous développons et nous nous enrichissons par les contacts, les échanges et les interactions que nous créons avec le monde parce que nous sommes prêts (à l'intérieur de nous-mêmes) à l'accepter et à le recevoir.

La vie psychique, le monde intérieur sont heureusement assez complexes pour que l'on puisse parler de secteurs de personnalité, pouvant être selon les cas référés à l'ouverture ou à la fermeture. Nous ne sommes jamais des êtres monolithiques. Pour exemple, ce chef d'entreprise très aimé de ses employés pour sa générosité et son « esprit d'ouverture » et haï de ses enfants du fait de sa tyrannie, donc de son désir implicite et inconscient de « fermer » sa progéniture à toute influence du monde extérieur dont l'effet (imaginé et vécu par lui) serait synonyme de danger et de perte de contrôle.

Vivre dans la fermeture implique une disposition à renforcer en permanence ce qui va dans son sens. Un système fermé doit donc se défendre de ce qui va dans le sens d'une ouverture, elle-même perçue comme un danger. Être fermé signifie ainsi ne pas recevoir (dans toutes les acceptions du terme), ne pas s'autoriser à être sensible, notamment aux dimensions poétiques de l'existence.

Or ce qu'implique l'intuition (une ouverture au monde et aux autres) est l'exact contraire de ces aménagements face à l'existence.

## La fermeture est aussi une nécessité

Notre vie psychique est pleine de contradictions. Ce que nous venons d'exprimer pourrait vous faire croire en une absolue nécessité de promouvoir l'ouverture et, *a contrario,* de combattre la fermeture.

Pourtant, s'il existe des excès de fermeture, il y a aussi des excès d'ouverture. Ainsi, on ne saurait trop insister sur la nécessité, dans maintes situations de la vie, de se protéger, de savoir quand il est opportun de se fermer à un excès de souffrance, de ne pas se comporter comme une éponge, de ne pas opter pour une trop grande ouverture à l'autre qui conduirait à se mettre à sa place et ne plus lui donner la possibilité d'exister face à soi. Et surtout de savoir ne pas trop en dire.

Savoir se fermer est donc souvent un atout. Pour soi-même comme pour nos proches. Accéder à l'intuition quand on est fermé suppose non pas le renoncement aux avantages procurés par la fermeture (il y en a) mais l'instauration d'une dialectique (c'est-à-dire le fait à la fois de se confronter aux opposés et de les intégrer dans sa façon d'être et de fonctionner) entre ouverture et fermeture. Il s'agit, à travers cette dialectique, de promouvoir une saine adaptation aux circonstances et aux différents moments de la vie, ceux pour lesquels une certaine réserve est de mise, pour lesquels la confiance et l'ouverture à l'autre seront source d'enrichissement mutuel.

Remarquons par ailleurs que savoir se fermer à bon escient est aussi une question d'intuition. Savoir à qui ne pas parler (donc se fermer) est une des voies de la sagesse. Pour cela, il suffit (ne serait-ce qu'un instant) de vous poser les questions suivantes : Ce que je ressens, ce que je m'apprête à dire, sera-t-il reçu par celui ou celle à qui je vais m'adresser ? Cela va-t-il s'intégrer dans notre conversation ? Cela va-t-il contribuer à mieux définir notre relation ? Ou la couper ? Certains le savent « d'instinct ». Les autres doivent l'apprendre. Et pour l'apprendre, il faudra d'abord se poser cette série de questions.

## Mieux comprendre la fermeture excessive afin de pouvoir en sortir

On mesure mal dans un premier temps combien être fermé est une composante habituelle de notre mode d'être, et ce pour la quasi-totalité d'entre nous. D'une fermeture « normale » et adaptée à la fermeture excessive, corrélative d'un manque à être où l'intuition n'a plus aucune place, tous les cas de figure peuvent être rencontrés. Comment s'instaure une fermeture, quelles sont les conditions qui vont en favoriser l'émergence. Comment elle finit par faire partie de notre identité, comment en prendre conscience, comment la dépasser pour s'ouvrir au monde et aux autres. Tels seront les grands axes de réflexions auxquelles nous vous invitons dans les pages qui vont suivre et à travers le témoignage de Caroline. En d'autres termes, il ne s'agira pas ici d'apprendre à « développer son intuition même quand on est fermé » mais d'apprivoiser l'ouverture quand on est fermé, ce qui va nous rendre plus intuitifs. Une étape préalable tout à fait nécessaire à la compréhension du problème.

## Qu'est-ce que la fermeture ?

- Le résultat d'un programme de survie mis en place très tôt dans notre existence.
- Fondée sur un sentiment d'insécurité.
- Qui nous fait douter de la fiabilité du monde mais aussi de nous-mêmes et de nos propres capacités à y faire face.
- Qui nous fait douter de nos ressentis et de leur légitimité.
- Qui nous coupe de ce fait de notre intuition.

**Qu'est-ce que l'ouverture ?**

- Un mode d'être au monde fondé à l'origine sur une sécurité affective de base (SAB).
- Qui nous permet de percevoir le monde comme possible source d'enrichissement et d'évolution.
- Qu'il est possible de restaurer lorsqu'elle est défaillante.
- Cette SAB légitimise et authentifie nos ressentis.
- Ressentis pouvant exprimer ce que notre fonction psi nous a fait percevoir.
- Qu'il est donc possible de déployer et de conscientiser dans une perception intuitive.

Chapitre 3

# Passage de la fermeture à l'ouverture

## Première illustration : Caroline ou l'accomplissement interdit

Il n'est vraiment possible de comprendre ce que fermeture veut dire qu'en se référant à un témoignage, à des ressentis en correspondance avec des faits bien réels. Prendre conscience à la fois de la réalité et de l'ampleur du problème. Caroline, trente-sept ans, est employée dans le service des ressources humaines d'une grande entreprise :

« Depuis quelque temps, ce n'est plus tenable, rien ne va plus dans mes relations professionnelles mais aussi amoureuses. Je vis seule, je me sens exploitée dans mon travail, sous-payée, constamment jugée de façon négative, toujours sur le qui-vive notamment dans mes contacts avec mes collègues et supérieurs. Mes amants me trahissent. Je sens bien que ça ne va plus avec ma famille, qui ne comprend pas que je ne sois pas encore mariée. Je me referme sur moi-même, je me sens environnée de détracteurs, de manipulateurs, voire d'oppresseurs en puissance.

J'ai souvent pensé à changer d'orientation, à envisager un autre métier et me suis engagée à de multiples reprises dans des activités ou des formations. Dans un premier temps tout se passe bien, c'est l'enthousiasme, puis le scénario se met en place. Toujours le même : dès que je ne suis plus une débutante, dès que je suis véritablement amenée à agir, à m'exprimer plus pleinement, en devenant moi-même formatrice, en intégrant ce que j'ai appris dans ma vie sociale ou professionnelle, je me prends à douter de moi, mon enthousiasme fait place à un doute de plus en plus fort. Pis encore, moi qui avait jusque-là l'intuition du bon geste, de la parole juste, des données d'une situation… tout cela est soudainement balayé. Tout devient dur et hostile. J'ai peur de dire des bêtises, alors je me tais, même quand je sais que je devrais prendre la parole. Je perds toute confiance en moi, je renonce et me referme sur moi-même. Tout se passe comme si je ne pouvais croire, au-delà d'une certaine limite, au plaisir de ce que j'ai découvert, acquis et éprouvé jusque-là. »

### *Déploiement*

Caroline ne fait ici qu'exprimer les différents aspects de son mal de vivre. Il est possible que certains d'entre vous s'y reconnaissent, en partie ou en totalité. Mais que cache au juste un tel mal de vivre ? Et l'enfermement qui lui est corrélé ? Comment s'en libérer ? C'est en accompagnant Caroline dans le travail que nous lui avons proposé que cette libération a pu advenir. Au cours d'une première séance sont apparues ces propositions, qui résument et expriment parfaitement son mal-être :

- Pour vivre mieux je dois m'ouvrir aux autres.
- Pour m'ouvrir aux autres (et être acceptée d'eux) je dois être reconnue.
- Pour être reconnue, je dois faire montre d'excellence.
- Ce faisant et en tentant de me montrer excellente, je me révèle totalement incompétente.
- De ce fait, je ne peux être reconnue.
- Je me ferme aux autres et vis alors beaucoup moins bien.

Ces propositions s'enchaînent de façon apparemment logique, bien que la première soit en totale contradiction avec la dernière : pour vivre mieux, je dois vivre beaucoup moins bien.

Caroline se trouve là enfermée dans un paradoxe insurmontable et insupportable.

Ce paradoxe, comme beaucoup d'autres, a une histoire, il répond à un « programme » de vie très précocement mis en place dans l'histoire de Caroline et constamment remis en scène.

Il apparaîtra par la suite que la problématique de la mère de Caroline n'est pas tout à fait étrangère à ce programme. Ayant projeté sur sa fille des images hautement idéalisées (ce dont témoigne son prénom de princesse), elle ne lui a cependant jamais, tout au long de son enfance, témoigné le moindre encouragement, le moindre satisfecit, y compris pour ses succès scolaires, bien qu'elle ait reçu, dans les classes primaires, le prix d'excellence à deux reprises. Plus encore et *a contrario*, sa mère ne manquait jamais de lui souligner ses contre-performances et de lui en faire de très vifs reproches. En résumé « je dois incarner l'excellence d'une princesse (Son Excellence !) et dans le même temps on me souligne mon incompétence à l'incarner ». Scénario de base illustré par les péripéties et les vécus traumatiques qui ont émaillé son enfance (sa scolarité notamment) et qui se répètent à l'identique dans sa vie d'adulte.

## *Le fondement des paradoxes*

La logique du scénario mis en place par Caroline (en écho aux injonctions inconscientes de sa mère) est constituée d'un ensemble de propositions qui, bien qu'inconscientes elles aussi, n'en sont pas moins intensément vécues (dans sa vie actuelle comme par la toute petite fille et vraisemblablement le bébé qu'elle a été). Le scénario paradoxal évoqué ci-dessus est en fait le décalque d'un autre mis en place beaucoup plus tôt dans son existence :

- Pour survivre je dois à tout prix maintenir le lien à ma mère et donc la satisfaire. On remarquera ici qu'il s'agit d'une question de survie du bébé ou de l'enfant qu'elle a été et qu'elle continue (comme nous tous) à porter en elle. Le lien à sa mère et son maintien sont le gage de cette survie.

- Pour ce faire je dois répondre à ce que ma mère (ou son substitut) exige de moi : faire montre d'excellence.

- Mais (tout est là) je dois aussi, puisque c'est ce qu'elle attend de moi, démontrer mon incompétence... De fait, si je me montrais plus compétente qu'elle, en atteignant l'excellence, cela lui serait insupportable et elle me rejetterait. Mon incompétence me préserve, et heureusement qu'elle est là (c'est l'inconscient qui parle), sinon je serais rejetée par ma mère.

- Conséquence : pour survivre, il me faut m'inscrire dans un programme au terme duquel je dois réparer ma mère mais aussi et surtout ne jamais entrer en rivalité avec elle.

– Ainsi le lien à ma mère est-il maintenu puisque je m'inscris dans son scénario, et ce scénario, bon pour ma survie, sera également (c'est l'inconscient qui parle là aussi) bon pour ma vie.

### *Contre-paradoxes et phrases ouvrantes*

On mesure alors le poids de ce qui surdétermine un tel mode d'être au monde.

Une des voies possibles, pour dépasser ce scénario, consistera à établir une suite de contre-propositions ouvrantes après avoir correctement mesuré les implications des propositions enfermantes et paradoxales.

*Première proposition.* Pour vivre mieux je dois m'ouvrir aux autres, certes, mais peut-être pas à tous les autres. Pour cela, je dois faire confiance à mes ressentis et à la fiabilité de mes jugements (mon intuition), me dire aussi que si je me trompe, cela ne sera pas dramatique. Se pose aussi la question du pourquoi s'ouvrir à l'autre et de ce que cela implique. L'inconscient, c'est pour une grande part le bébé qui est en nous, celui que nous avons été, celui que nous continuons à être sans le savoir. Pour l'inconscient de Caroline, son ressenti, il n'y a dans cette tentative d'ouverture sans cesse vouée à l'échec aucune dimension de jeu : pas question de marivaudage, de jeux de l'esprit, d'humour ou de comédie. Les enjeux sont ceux d'un drame : « L'autre va-t-il me reconnaître ou non ? Va-t-il m'aimer ou me rejeter ? Et s'il me rejette, que vais-je devenir ? À quoi vais-je être renvoyée ? Au néant ? Au non-être ? »

C'est donc forte de toutes ces considérations que Caroline (avec notre aide, bien sûr) a mis en place cette première contre-proposition.

**Se sécuriser, s'affirmer**

- Je vis mieux parce que je sais maintenant que je suis ce que je suis (*affirmation de mon identité et au-delà de mon sentiment d'être et d'exister*).
- Je peux alors m'ouvrir aux autres en toute quiétude (*plus de sentiment d'insécurité existentielle, plus à attendre que l'autre soit le garant de ce que je suis, qu'il me reconnaisse. Je sors de la condition qui était la mienne jusque-là… mais je ne le sais pas encore vraiment*).

*Seconde proposition.* Il me faut faire preuve de mon excellence. Si je suis ce que je suis, la question de l'excellence et de l'obligation d'excellence ne se pose plus. À l'excellence à montrer ou à démontrer se substitue ma propre expérience, que j'assume, que je sais reconnaître et reconnaître par moi-même. Je n'ai donc plus à attendre des autres, alors que j'approche de la quarantaine, le rôle normalement dévolu à ma mère des premiers âges. D'ailleurs, si je sais maintenant que je suis ce que je suis, je cesse d'avoir à l'égard de l'autre cette quête de reconnaissance qui m'animait jusque-là. Et je peux nouer avec lui des relations sur des bases différentes, plus adultes, plus harmonieuses et plus saines.

La deuxième contre-proposition devient alors :

### Se valoriser, s'ouvrir au monde

– Et je sais parfaitement faire valoir mon expérience, construire avec les autres une relation de confiance et de cocréation que mon intuition m'aura permis de choisir.

*La dernière et troisième contre-proposition est alors de pure logique :*

– Ma vie est alors beaucoup plus fluide, plus riche et plus heureuse.

Un nouveau programme peut être alors suggéré à Caroline sous la forme de trois phrases :

### Synthèse

– Je vis mieux parce que je sais maintenant que je suis ce que je suis, je peux donc m'ouvrir aux autres en toute quiétude.
– Je sais parfaitement faire valoir mon expérience, construire avec les autres une relation de confiance et de cocréation. Les autres que mon intuition m'aura permis de choisir avec justesse.
– Ma vie est alors beaucoup plus fluide, plus riche et plus heureuse.

Trois propositions, à répéter, à incarner, à méditer et à introduire peu à peu dans sa vie quotidienne avant d'arriver à les faire vraiment siennes, pour apprivoiser l'ouverture.

Ce que Caroline réussira pleinement au bout d'un an, sur la base de ces trois propositions pour s'ouvrir à une vie véritablement épanouie. « On ne fait pas pousser les salades en tirant sur les feuilles », se plaisait à dire Jean-Yves Leloup.

## Seconde illustration : Georges, entre fermeture et séduction

Il y a, comme vous allez vous en rendre compte, quelques points communs entre l'histoire de Caroline et celle de Georges. Ce sont tous deux des personnes sensibles et intelligentes, assez ouvertes à la dimension de leur inconscient, mais dont la vie, dominée par le thème de la fermeture, est un drame permanent.

Georges, cinquante-cinq ans, est radiologue. Il exerce sa profession dans une petite bourgade de province dans le plus grand isolement. Il a divorcé deux fois, sa vie affective est un désastre et les séparations adviennent sans qu'il les ait vues venir, sans qu'il en ait eu l'intuition.

Que faudrait-il, selon lui, pour que sa vie soit meilleure ? Que ses relations aux autres et en particulier à celle qui pourrait être sa compagne soient harmonieuses et stables ?

Nous avons dégagé ensemble les propositions suivantes, qui constituent son propre paradoxe.

– Pour bien vivre, je dois faire plaisir à l'autre.

– Pour faire plaisir à l'autre, il me faut réaliser les efforts qui me sont demandés.

– Cela me fait violence, cette violence me révolte.

– J'exprime cette violence en envoyant à celle que j'aime des vannes assassines.

– Ce qu'elle ne supporte pas.

– Ce qui me culpabilise, je m'attaque moi-même.

– Cela me dévalorise et me déprime. C'est l'échec.

– Cela m'empêche de vivre ou me fait vivre beaucoup moins bien.

Le paradoxe est, comme nous l'avons vu, un nœud qui ligote ou enferme le sujet et l'empêche de penser, tant les enjeux affectifs sont importants. Pour le comprendre il est tout à fait possible de relire les propositions de Georges en les appliquant non plus à la situation actuelle et à sa relation aux femmes mais en les transposant à ce que fut sa relation à la première femme de sa vie, autrement dit sa mère, lorsqu'il était tout petit enfant.

Un paradoxe est un problème qui n'a *a priori* aucune solution. Il n'est en effet absolument pas critiquable dans la mesure où l'on ne saurait remettre en question les enjeux affectifs qui le sous-tendent et qui ont conditionné, dès les premiers âges, notre survie (le maintien à tout prix du lien à la mère).

En reprenant chaque proposition, on peut poser un ensemble de phrases dénouant le paradoxe.

### Savoir s'affirmer

Pour bien vivre, je sais m'opposer à l'autre (et à son désir) quand il le faut.

*Savoir s'opposer à bon escient est aussi une façon d'affirmer son existence face à l'autre, c'est un enjeu inconscient mais crucial. Avec cette proposition, difficile à accepter, Georges sort du statut inconscient qui était le sien jusque-là : celui du petit enfant.*

C'est une façon d'affirmer mon existence.

*Georges pourrait aussi bien dire son identité, son être, sa force psychique... Le sujet cesse alors de se mettre au service de l'autre (sa mère, à l'origine). La troisième proposition peut alors se mettre en place :*

Cela me libère et m'ouvre à des opportunités fécondes dans un monde que je sais maintenant pouvoir être bienveillant, accueillant et au sein duquel je trouve ma place.

On remarquera ici que :

- ces paradoxes existentiels sont très fréquents, au point qu'il est possible de les mettre au jour chez quasiment toute personne consultant pour des difficultés à vivre et quel que soit le domaine considéré : social, affectif, amoureux et sexuel, professionnel, financier. Ce thème de la paradoxalité a été abordé et développé par Paul-Claude Racamier dans le domaine de la psychose. Il peut être aussi et très largement appliqué aux « névrotico-normaux » que nous sommes tous et dans ces différents domaines de notre existence ;

- ce qui prime chez ces personnes ne se pense plus (du moins plus uniquement) en termes de désir contrarié (vision classique) mais en termes de survie. Une nouvelle psychologie (on pourrait dire aussi thérapie, psychopathologie) se profile ici : ne plus penser les choses de la vie psychique uniquement en termes de désir et de désirs contrariés mais plus essentiellement en termes de survie.

## Comment l'inconscient peut-il recevoir de tels messages ?

De nombreux obstacles se dressent face à une méthode qui à bien des égards ressemble à la méthode Coué, si décriée. On remarquera pourtant qu'elle revient en force à travers les psychothérapies contemporaines fondées entre autres sur la pensée positive, la visualisation (méthode Simonton), les suggestions directes ou indirectes (hypnothérapie classique et éricksonienne).

On peut certes éprouver le sentiment d'une certaine naïveté à l'égard de telles injonctions destinées à contrebalancer des programmes très investis par l'inconscient du sujet et source de jouissance, inconsciente elle aussi, lorsqu'ils se réalisent. Cette jouissance contraste avec le désarroi dans lequel se trouve la partie consciente du sujet face au désastre ainsi réalisé.

Ces « vieux programmes » sont pourtant à respecter. Et pour cause, c'est tout un mode d'être au monde qui s'est construit autour d'eux. Ils sont constitutifs de l'inconscient du sujet et de sa personnalité. Et tout comme une personne, l'inconscient déteste qu'on lui impose quoi que ce soit, en particulier d'abandonner ce à quoi il est si fortement attaché.

## Un processus d'apprivoisement à mettre en place

À l'instar d'une personne habituée à son vieux costume et qui répugne à en endosser un nouveau, les avantages de notre nouveau costume doivent être perceptibles sans pour autant renoncer totalement et dans un premier temps à l'ancien.

Le nouveau programme doit donc être le plus séduisant possible (l'étymologie nous apprend que « séduisant » se rapporte à une action ou une disposition destinée à amener l'autre dans sa voie – ici il s'agit de s'amener soi-même dans une voie nouvelle). Il faudra donc que ce nouveau programme s'exprime dans des phrases et des propositions acceptables et respectueuses des lois qui régissent le fonctionnement de l'inconscient :

– des phrases qui s'adressent à l'inconscient comme s'il s'agissait d'une personne ;
– des phrases assertives, c'est-à-dire allant dans le sens d'une affirmation de soi et commençant par « je » (le « je » est beaucoup plus impliquant – assertif – que l'infinitif) ;
– positives, bien sûr. Si on utilise la négation (ne pas ou ne plus), l'inconscient, qui ne connaît pas la négation, sera enclin à promouvoir ce qu'on lui dit de ne plus faire ou de ne plus être ;
– confortantes, c'est-à-dire allant dans le sens d'un renforcement de la sécurité affective de base. Celle qui est en relation avec des angoisses fondamentales inhérentes à la nécessité sans cesse menacée de survivre, voire d'exister.

Lorsque ces phrases ouvrantes auront été constituées, il faudra les incarner c'est-à-dire les corporéiser en les interprétant face au thérapeute (et éventuellement face au miroir) à l'instar d'un bon acteur, c'est-à-dire avec la gestuelle, la corporéisation, l'intonation, l'intériorisation que cela implique.

Lorsque le sujet aura pleinement conscience d'avoir atteint la bonne interprétation tout en éprouvant le plaisir d'être dans ce nouveau programme, il procédera à un « ancrage », c'est-à-dire une stimulation corporelle (serrer son poignet gauche avec sa main droite par exemple). Une façon de lier un ressenti à une stimulation corporelle déterminée. Ainsi, lorsque des ressentis (des sentiments) renvoyant à l'ancien programme se remettent en scène ou prennent trop d'ampleur, il vous sera possible de restimuler à l'identique votre poignet gauche, afin de contrebalancer des ressentis allant dans le sens de la fermeture, en « réinjectant » par ce biais des ressentis d'ouverture.

Parallèlement, on accompagnera le sujet sur le chemin parfois difficile, mais toujours si riche, de ces prises de conscience à intégrer. Prendre conscience de la dimension précieuse de ces propositions ouvrantes qu'il pourra calligraphier (dans son livre de thérapie, par exemple) ou, mieux, réinterpréter face à son thérapeute ou dans sa vie personnelle face à des proches, ou encore, autre possibilité sur laquelle nous reviendrons, en faire un mantra qui centrera un rituel de méditation.

## Comment parler à son inconscient ?

- En s'adressant à lui comme à une personne, par un ensemble de propositions ouvrantes.
- En sachant respecter les vieux programmes qu'il a mis en place.
- En sachant lui en proposer de nouveaux qu'il pourra apprivoiser.

- En employant des tournures positives renforçant la sécurité affective de base.
- En interprétant, en incarnant ces propositions.
- En les posant au centre d'un rituel de méditation.
- En les introduisant progressivement dans sa vie quotidienne.

Chapitre 4

# Conventions et ouverture à l'autre

## Savoir prendre les bonnes conventions

Les conventions ont dans le domaine de l'intuition un rôle tout à fait essentiel. Quelles que soient nos convictions ou nos croyances, il n'est guère possible d'accéder à l'intuition et à la dimension télépathique qui la sous-tend sans poser déjà la convention de leur existence.

Nous verrons plus loin et lorsque nous aborderons les GET toute l'importance que peuvent avoir les conventions dans les techniques utilisées dans la réception télépathique.

Dans le cadre de la vie courante il est d'autres conventions qui régissent notre relation à autrui. Elles sont en grande partie inconscientes et les modifier fondamentalement peut être là aussi du ressort d'un travail de thérapie. On ne peut cependant nier l'impact d'une disposition consciemment prise et du rôle que ces conventions d'ouverture vont jouer dans l'apprentissage d'un nouveau mode d'être, de nouveaux programmes de vie et d'un plus d'intuition.

## Adopter la bonne attitude

De deux choses l'une.

– Soit nous abordons la relation à l'autre (que cet autre soit un partenaire amoureux, une relation de travail ou un membre de notre famille) à travers le spectre du manque. Découvrez alors votre attitude habituelle et apprenez à passer de la première à la seconde.

### Dominé par le manque

- L'autre va-t-il pouvoir combler mon manque à être, me reconnaître ?
- Vais-je pouvoir, à travers son regard, percevoir le reflet de ce que je pourrais être ?
- L'autre va-t-il me trahir, trahir la confiance que je pourrais avoir en lui ? m'exploiter ? profiter de moi ? m'envahir ?

***In fine*, je reste sur ma réserve.**

– Soit nous l'abordons dans la perspective d'un enrichissement mutuel.

### Ouverture et échanges

- Quelles sont les singularités de cette personne ?
- Comment échanger avec elle ?
- Que vais-je pouvoir lui apporter ?

– J'ai sûrement beaucoup à apprendre d'elle.
– Comment promouvoir une relation féconde ? une véritable collaboration ? un partenariat ? une connivence ? une cocréation ?

***In fine,* j'ai une attitude fondamentalement bienveillante et altruiste, ouverte à l'autre.**

Il est possible que les réponses à toutes ces questions soient négatives mais l'abord aura été fondamentalement différent. Une chance sera laissée à l'émergence des ressources et des richesses intérieures de l'autre, de leurs mises en jeu dans la relation et bien sûr d'une perception de l'autre à la fois plus fondée (moins entachée de nos projections) et plus intuitive.

**La première attitude** est celle qui définit une relation à l'autre référée au manque. Ce sont d'abord les intérêts du moi qui dominent. Cette relation est donc égocentrée et secondairement égoïste. Elle ne laisse à l'autre que fort peu de place. L'autre (ce qu'il est vraiment) a peu d'intérêt *en lui-même.* Aucune place dans cette logique pour une appréhension intuitive.

**La seconde attitude** se situe complètement en dehors de toute référence à un manque. Même si elle vise à un enrichissement mutuel (dans les différents sens du terme), elle est faite de bienveillance et elle est corrélative d'un véritable intérêt pour la personne de l'autre. Attitude ouvrant à l'intuition.

Le désir, disait Lacan, s'inaugure d'un manque. Ce qui est certes vrai pour le petit enfant qui doit, à la faveur d'un vécu de manque, commencer à fantasmer (à mentaliser) la satisfaction de ses besoins. Et à fantasmer tout court, donc à enrichir son monde intérieur en accédant au désir (qui implique ce travail de mentalisation). Mais cela ne se vérifie pas pour un adulte mature. C'est malheureusement à partir d'éprouvés de manque, réels ou programmés, que fonctionne la majorité de nos contemporains. Contemporains qui sont donc très fermés à l'intuition et à cette valeur fondamentale qu'on appelle altruisme (voir Matthieu Ricard, 2013).

Il existe donc deux types de connaissances, l'une ouvrant à l'intuition, l'autre l'excluant, dénommées par Abraham Maslow :

- connaissance D (comme déficit) fondée sur le manque et l'égocentrisme,
- connaissance E (comme être) : reconnaissance de l'être de l'autre, synonyme d'ouverture, d'altruisme, de compassion, de bienveillance et… d'intuition.

## Les différents types de personnalités selon Jung

Carl Gustav Jung a d'abord classé les individus en deux types de personnalités : introverti et extraverti, en référence à deux attitudes opposées.

La personnalité introvertie est en contact avec son monde intérieur, ses processus internes, le monde extérieur étant bien moins investi. L'énergie psychique de l'introverti est tournée vers lui-même ; il trouve, dit Jung, sa valeur absolue en lui-même.

Chez la personnalité extravertie on observe l'inverse : le monde extérieur, l'objet, est d'abord investi au détriment de son monde intérieur et de sa subjectivité. L'énergie psychique est orientée vers le monde extérieur. Elle trouve, dit Jung, sa valeur absolue dans l'objet.

Nous avons donc ici deux modes relationnels, deux comportements opposés : l'introverti traite les informations à partir de lui-même et de sa position, alors que l'extraverti traite les mêmes informations à partir du monde extérieur, de l'autre. Jung a ensuite décrit une série de types psychologiques déterminés par quatre fonctions d'adaptation au réel : sensation, pensée, sentiment et intuition, qu'il définit ainsi :

> « La sensation constate ce qui existe réellement, la pensée nous permet de connaître la signification de ce qui existe, le sentiment, quelle en est la valeur et l'intuition enfin nous indique les possibilités d'origine et de but qui gisent dans ce qui existe présentement. »
>
> Carl Gustav Jung, 1960

Parmi ces fonctions, la pensée et le sentiment sont rationnels : la pensée juge objectivement, met en relation, pour donner une intelligibilité aux choses, le sentiment « juge subjectivement », c'est-à-dire qualitativement, l'expérience.

L'intuition et la sensation sont dites irrationnelles dans la mesure où elles appréhendent le monde non pas *via* le jugement des deux précédentes mais à travers les sens (sensation) et à travers des matériaux et des liens inconscients qui émergent brusquement à la conscience (intuition).

Ainsi, le sentiment et l'intuition appartiennent plus au domaine de notre inconscient, alors que la pensée et le sentiment sont du domaine de notre conscient.

Ces différentes façons d'appréhender le monde et son existence se retrouvent chez tout un chacun, mais il y a toujours une dominante, et le croisement des deux grands types de personnalités (introverti et extraverti) avec les quatre façons d'appréhender le monde donne huit types de combinaisons.

Pour ce qui nous concerne ici, la fonction intuition permet, inconsciemment, au sujet d'appréhender la totalité de l'objet par une sorte d'immédiateté de perception, comme si un ensemble d'informations provenant de notre monde intérieur ou du monde extérieur s'harmonisaient en nous, presque à notre insu. Toutes choses que les attitudes et les exercices que nous vous proposons vous permettront de promouvoir.

Chapitre 5

# Pratiques de l'intuition

## Le mental et la méditation

### *Les aléas du lâcher prise*

Que ce soit sous la forme d'injonctions parfois entendues dans un contexte psychothérapique ou une sorte de profession de foi sans cesse répétée, l'idée du lâcher prise est souvent posée comme un préalable non seulement d'accès à l'intuition mais aussi à l'entrée dans un monde au sein duquel les souffrances vont disparaître. Lorsque l'on aura réalisé un bon lâcher prise, l'évacuation du mauvais en soi va se réaliser comme par magie et notre guérisseur interne pourra entrer en scène et jouer la fonction qui est la sienne. L'ennemi dans tout cela, c'est notre mental qui contrôle tout et dont il importe de se débarrasser au plus vite si l'on veut accéder notamment à notre guérison, à notre évolution et *in fine* à notre intuition.

**Qu'y a-t-il de vrai dans tout cela ?**

– Il est vrai que notre mental peut parfois nous couper de nos émotions, par le contrôle qu'il peut exercer sur elles, en « intellectualisant » les choses de la vie.

– Il est vrai que l'expression forte (et non l'évacuation) de nos émotions dans un contexte approprié possède des effets thérapeutiques.

– Il est vrai que nous possédons en nous des dispositions inconscientes pour guérir et évoluer.

**Alors quel est le problème ?**

Il se présente sous différentes facettes.

– D'abord notre mental est précieux, c'est par lui que nous sommes humains. Il ne s'agit donc pas de le mettre à mal mais de lui donner sa juste place.

– Lâcher prise peut parfois se comprendre comme une injonction à lâcher ses symptômes. Cependant, et à moins que ces symptômes menacent directement notre vie, nous leur sommes très attachés. Ils constituent en effet (et parfois au grand désespoir de la partie consciente de nous-mêmes) notre personnalité et notre façon de nous définir en ce monde. Il n'est donc pas question de les lâcher sur une simple injonction. Et d'autant plus que nos symptômes peuvent parfois nous apporter d'importants avantages, un des plus connus étant le soin et la sollicitude dont nous bénéficions lorsque nous sommes malades – alors restons malades…

– Le troisième point est celui que vous trouverez peut-être le plus évident : il est souvent extrêmement angoissant de lâcher prise : peut-on demander à un alpiniste en plein effort d'ascension de lâcher prise ? Ou à un funambule de lâcher son balancier quand il est à une vingtaine de mètres du sol ? Lâcher prise, certes, mais à condition d'avoir l'assurance de pouvoir le faire en toute sécurité, d'être accueilli, reçu et porté par le changement qui va advenir et par ce qui va nous ouvrir à lui.

Impossible dans la plupart des situations de faire l'économie d'un processus d'apprivoisement. Nous en avons vu un exemple avec l'apprentissage de l'ouverture chez des personnes fermées (enfermées serait un terme plus juste), mais on pourrait en dire autant lorsque nous sommes face à l'inconnu, surtout si cet inconnu est nous-mêmes, est en nous-mêmes.

C'est précisément cet inconnu que nous devons explorer et que nous sommes invités à faire nôtre pour devenir plus intuitifs. L'image est celle de la piscine. Cet exemple n'est pas choisi au hasard puisque l'eau renvoie par son symbolisme à l'inconscient et à notre monde intérieur, et sa surface à la limite entre notre monde intérieur et le monde extérieur.

Imaginons les différentes attitudes possibles face à l'eau de la piscine.

– Certains vont rester dans le petit bain, là où ils ont pied.

– Certains vont se risquer dans le grand bain mais en restant agrippés au bord de la piscine.

– D'autres vont nager dans le grand bain mais uniquement à sa surface.

– D'autres enfin vont se diriger sans hésitation vers le plus haut plongeoir et plonger directement au fond du grand bain.

À ces visions photographiques nous en ajoutons une autre, diachronique celle-là :

– Certains vont commencer par le petit bain et s'enhardir chaque jour un peu plus, jusqu'à monter (peut-être au bout d'un mois) sur le plongeoir et entrer ainsi dans le grand bain.

## Définir la bonne et juste place du mental

Si l'on devait réaliser un bêtisier des nouvelles thérapies, un peu comme Flaubert le fit en son temps pour les idées reçues, cette rubrique y trouverait sûrement une place de choix. Ainsi, dans de très nombreuses thérapies (« nouvelles thérapies »), le mental est-il présenté comme l'ennemi absolu, celui que l'on doit abattre à tout prix pour laisser place au lâcher prise. Il est ainsi implicitement posé que nous sommes sous l'emprise du mental. C'est parfois vrai. L'intellectualisation abusive est une défense bien connue contre l'émergence de toute émotion, et sans émotion (étymologiquement, ce qui nous meut de l'intérieur) aucun travail sur soi n'est réalisable, aucune évolution n'est envisageable.

Dans la perspective qui est la nôtre, nous considérons (nous ne sommes certes pas les seuls) que le degré d'évolution d'une personne est directement fonction de son « éveil », du niveau de conscience atteint par elle, autrement dit de sa capacité à penser la complexité du monde extérieur et intérieur, et incidemment à accéder à un plus de capacités intuitives.

Dès lors il devient difficile d'accompagner qui que ce soit dans cette voie si l'on condamne d'emblée ce qui la fonde, à savoir l'exercice de la pensée. Le but n'est donc pas d'éliminer le mental et ce qui le représente (à savoir la pensée) mais de définir le temps et la juste place qui doit être la sienne : un temps pour l'émergence des éprouvés, des ressentis, des émotions (qui sont le véhicule de nos perceptions intuitives), qui est aussi celui de leur déploiement, et un autre temps, celui de leur conscientisation, de leur élaboration, de leur mise en sens, un temps où l'on pense ce qui souvent n'était pas jusque-là de l'ordre du pensable.

Ce rejet du mental (lorsqu'il est abusif) peut aussi correspondre à une stratégie de défense contre l'introspection, et donc, incidemment, contre l'émergence de ses capacités intuitives. Il peut aussi être une excuse facile pour ne plus penser du tout.

*Entrer en méditation*

> « Il faut démystifier le mot "méditer". Il se dit *bhâvanâ* en sanscrit, ce qui signifie "cultiver", et *gom* en tibétain, soit "se familiariser avec". Méditer est un entraînement de l'esprit pour se familiariser avec une faculté. Imaginons que vous n'êtes qu'amour pour un enfant : cet état d'amour altruiste, qui emplit votre paysage mental, devient une méditation quand, au lieu de durer une ou deux minutes, vous le cultivez pendant une trentaine de minutes, durant lesquelles vous le nourrissez, le maintenez et le ravivez s'il s'amenuise. »
>
> Matthieu Ricard
> *Le Monde,* 10 octobre 2013

On le conçoit, la méditation peut fort bien s'intégrer dans un processus d'apprivoisement des nouveaux programmes de vie que nous venons d'évoquer. Les ressentis positifs (mais souvent fugaces) inhérents aux phrases ouvrantes peuvent parfaitement faire l'objet de pratiques méditatives. La phrase ouvrante devient elle-même un mantra, autrement dit le centre de la méditation vers lequel la pensée du méditant est invitée à revenir chaque fois qu'elle s'en éloigne.

La méditation est par ailleurs une pratique invitant à un recentrement, à une mobilisation de ces forces intérieures, un apaisement de toutes les tensions éprouvées dans sa relation au monde.

Elle contribue à renforcer ce sentiment de sécurité intérieure qui nous fait si souvent défaut.

À l'opposé de la méditation et de ce qu'elle implique se trouve la sur-stimulation sensorielle (le poste de télé que l'on éteint jamais, le casque ou les écouteurs toujours posés sur les oreilles) et l'hyperactivité. Le but (inconsciemment recherché) étant de ne jamais être seul avec soi-même, de ne jamais se rencontrer soi-même.

## Apprendre à vivre la lenteur

Certains préceptes, on le remarquera, se réfèrent davantage à un mode de vie, une tonalité de l'existence à promouvoir qu'à de véritables exercices. Parfois aussi ils ouvrent à une réflexion sur ce qui constitue notre monde intérieur dans sa relation à l'intuition, une disposition, une façon de ressentir puis de concevoir, d'imaginer et de « prédire » les choses. Pas de conscientisation, pas de pensée sans le respect d'une certaine lenteur. *A contrario,* la précipitation qui nous absorbe dans le monde extérieur nous éloigne de cette conscientisation.

### Prendre son temps

- Donner la place qu'il convient à ses ressentis, à la conscience que nous pouvons en avoir et aux capacités intuitives qui en découlent.

– Chaque fois que vous vous surprenez à être pressé, stressé, posez-vous les questions suivantes : Que se passe-t-il ? Est-ce bien nécessaire ? Et en portant votre attention sur ce qui se joue en vous dans l'ici et maintenant, ralentissez le rythme de votre respiration et focalisez-vous sur elle : inspirez et expirez plusieurs fois en prenant conscience à chaque instant de l'air qui entre et qui sort, de ses mouvements subtils.

La lenteur, qualité du « vieux sage », est aussi une voie d'accès à la sagesse. Et lorsqu'on devient sage, lorsque l'on sait être dans l'ici et maintenant, on devient de ce fait beaucoup plus intuitif.

## Développer la sensorialité de nos objets internes

Lorsque nous fermons les yeux, lorsque notre pensée se remémore des situations de notre passé récent ou plus lointain, des images d'objets, de situations ou de personnes nous viennent à l'esprit sans que pour autant ces images (que nous appelons objets internes) soient vraiment liées à des sensations, à de la sensorialité et par là même à des ressentis. Étant donné l'importance des ressentis dans l'intuition, on conçoit toute l'importance qu'il peut y avoir à redonner à ces images toute leur charge sensorielle et affective. On sait combien ses deux composantes peuvent être liées – voir Proust et sa madeleine.

**Retrouver la sensorialité de l'objet**

– Installez-vous au calme et le plus confortablement possible dans une pièce faisant partie de votre environnement quotidien, si possible dans un fauteuil.
– Prenez quelques respirations plus amples qu'à l'accoutumée, regardez les objets alentour.
– Puis, après avoir fermé les yeux, reconstituez mentalement cet environnement et les différents objets qui le constituent.
– Adoptez la convention d'en percevoir mentalement non seulement l'aspect extérieur mais aussi les différentes qualités sensorielles : qualité de la lumière, texture, contact, sonorité, odeur, saveur (s'il s'agit d'un aliment).
– Vous venez de mentaliser, en les enrichissant de données sensorielles, vos images mentales, et par là même d'offrir à notre conscience la possibilité de mieux prendre en compte la richesse potentielle de vos ressentis, lorsque ceux-ci seront l'expression d'une perception intuitive.

## Synchroniser nos deux hémisphères

Les fonctions de nos deux hémisphères cérébraux sont bien connues :

– le gauche, celui de la pensée logique et rationnelle (hypothético-déductive), de l'analyse, de l'intelligibilité, et de la raison raisonnante ;

– le droit, celui d'une appréhension synthétique, affective, symbolique (le sens global des choses), fondée sur les ressentis, très investi dans les perceptions télépathico-prémonitoires.

L'intuition implique (c'est un point déjà évoqué) une collaboration optimale entre ces deux types de fonctions dévolues à nos deux hémisphères. D'où l'idée de mettre en place des dispositions entraînant une harmonisation fonctionnelle entre ces deux hémisphères, pour que le travail de l'un puisse être repris par le travail de l'autre et réciproquement, autrement dit une synchronisation des hémisphères. Cette synchronisation, réalisée par la pratique de la méditation décrite ci-dessous, a ainsi pu être récemment objectivée (études électroencéphalographiques de R. Davidson et A. Lutz).

## Une expérience décrite par Matthieu Ricard

- Lorsque vous pourrez dégager une heure de tranquillité, installez-vous dans un endroit confortable et respirez tranquillement.
- Alternez périodes de méditation, en vous focalisant sur un sentiment, amour altruiste ou compassion, ou sur une image positive que vous aimez bien, pendant environ 60 secondes, puis périodes de repos de 45 secondes. Et cela pendant plus d'une heure.
- Méditation : sollicitation de l'hémisphère droit.
- Repos : retour au primat de l'hémisphère gauche.

Dans les groupes d'entraînement à la télépathie qui, au cours d'une même séance, alternent réception en état de relaxation légère centrée sur les ressentis (cerveau droit), puis conscientisation de ces ressentis et des images liées à ces ressentis et verbalisation (cerveau gauche), les mêmes effets peuvent être obtenus.

Il existe aussi une méthode fondée sur la stimulation auditive, alternée droite/gauche et selon une périodicité assez proche de celle signalée plus haut. En stimulant les cortex auditifs droit et gauche on stimule aussi et très directement les hémisphères correspondants. À noter que ces alternances sont suffisamment discrètes pour ne pas être détectées par la conscience d'un sujet en état de relaxation. Elles n'en sont pas moins d'une remarquable efficacité (méthode Hemi-Sync) dans l'éveil de la fonction psi.

## Accéder à la pleine conscience

Couplée à la lenteur, telle que nous venons de la définir, la pleine conscience, appelée aussi juste attention, rejoint sur bien des points ce que nous avons pu dire par ailleurs de la méditation. Il pourrait s'agir d'une méditation de la vie quotidienne.

### Pause et attention

- Portez votre attention sur l'instant présent.
- Prenez conscience de ce qui apparaît à votre conscience (conscience de conscience) de vos ressentis et sensations, de leur apparition, de leur persistance, de leur disparition, de leur permanence ou leur impermanence.

– Portez un regard bienveillant sur vous-même, un regard intérieur sur votre propre corps, sur la façon dont il respire, dont il marche.

Dans un temps ultérieur, on portera son attention sur ses perceptions, puis ses habitudes mentales, la façon dont nous traitons les choses de la vie, et cela en restant un observateur neutre et silencieux observant là aussi ces mêmes mouvements intérieurs sans chercher à retenir ce qui est agréable et à rejeter le désagréable. Et surtout sans jugement ni critique.

Le but de ces attitudes mentales est d'arriver à promouvoir un observateur de notre monde intérieur parfaitement détaché, qui ne soit plus aussi centré (mais aussi limité et contraint) que notre moi habituel. Cette position de détachement crée en nous une instance à même de relativiser la place qui est la nôtre dans notre vie quotidienne comme professionnelle ; elle peut aussi contribuer à percevoir de façon toute différente nos conditionnements mentaux (ce que nous avons appelé «programmes») et à nous aider à nous en détacher. Nous pourrons trouver ainsi et tout naturellement la meilleure voie à suivre, devenir plus lucides et de ce fait plus intuitifs.

Ce travail intérieur, centré sur la conscience, peut être le prolongement d'un travail psychothérapique ou psychanalytique centré sur l'inconscient, sa dynamique et le travail de décodage à travers les aléas du discours et les rêves. Méditation *versus* travail de l'inconscient.

Il s'agit donc de définir une pratique qui intègre de façon opportune les apports de l'une et de l'autre.

## Développer notre esprit d'enfance

Prôné par tous les vieux sages d'Extrême-Orient, par la philosophie bouddhiste, l'esprit d'enfance consiste à regarder et à ressentir chaque chose, chaque personne, comme si nous la voyions et la rencontrions pour la première fois, avec un regard neuf (donc sans *a priori*). L'esprit d'enfance va de pair avec une certaine capacité d'émerveillement, de réceptivité, de bienveillance, d'altruisme et d'ouverture. Nous portons tous en nous l'enfant que nous avons été (et que nous sommes toujours) mais que nous avons parfois étouffé, l'enfant d'avant la scène du lombric (voir plus haut). C'est donc un véritable réapprentissage que de redonner à cette partie de nous-mêmes la place et le rôle qu'elle est invitée à tenir pour notre plus grand bien. L'esprit d'enfance n'est en aucun cas à confondre avec la naïveté ou la conduite infantile. Il doit pouvoir s'intégrer (collaborer) de façon harmonieuse avec notre partie adulte, celle qui peut juger et critiquer. Là comme ailleurs, un juste équilibre est à trouver entre ces deux parties de nous-mêmes.

Dans le cadre de tout travail intérieur, l'invite est faite de laisser parler l'enfant qui est en nous, enfant intérieur qui, dans son essence même, ne fonctionne que par intuition.

## Esprit d'enfance

- Émerveillez-vous et regardez le monde avec des yeux toujours neufs.
- Dès que vous avez le temps, perdez-vous dans les rues non connues de votre quartier et, tout en déambulant, laissez-vous pénétrer par l'atmosphère et imaginez ce que vous allez découvrir au prochain tournant.
- Regardez différemment les personnes que vous rencontrez habituellement sans les voir : les commerçants, un lointain voisin, un passant.
- Regardez leurs mimiques, la façon dont ils sont vêtus.
- Regardez chaque objet comme si vous le découvriez pour la première fois.
- Fermez les yeux et reconstituez mentalement ces personnes ou ces objets : leurs couleurs, leur forme, leurs vibrations…

## Élargissez votre champ de perception

- Profitez d'une promenade dans les bois, dans la forêt, dans un parc.
- Portez un regard neuf sur les troncs d'arbres, les feuilles.
- Laissez votre imagination libre.
- Regardez simplement et vous verrez, selon l'incidence de la lumière, d'autres formes apparaître.
- Combien de formes pouvez-vous voir dans les rides ou les rainures d'un tronc d'arbre, d'une branche ou d'un rocher ?

- Levez la tête et retrouvez votre plaisir d'enfant de regarder les nuages.
- Découvrez d'autres formes au-delà de la forme première du nuage.
- Regardez chaque élément, laissez-le vous parler, touchez-le, mentalement, ou réellement.

Chapitre 6

# Les synchronicités et la notion d'appartenance à la totalité

## Tenir compte des synchronicités

Le monde extérieur, contrairement à ce que l'on pense habituellement, n'est pas tout à fait étranger à notre monde intérieur et à ce qui s'y joue. Il existe des liens subtils, des liens de sens entre certains événements, certaines données de notre environnement immédiat et notre monde intérieur. C'est toute notre façon de voir et de comprendre le monde qui est ici en jeu. Nous croyons, dans la logique qui est la nôtre (celle de notre éducation, de notre société), que tout ce qui peut être observé a une cause et peut avoir des effets. C'est vrai mais cela ne suffit pas à rendre compte de la complexité du monde et de ce qui s'y joue. À côté du principe de causalité, il en existe un autre : celui de synchronicité. Il y a (il peut y avoir) entre ce que nous renvoie le monde extérieur et ce qui se joue en nous une mystérieuse correspondance de sens, une relation acausale. Une vision des choses devenue familière aux physiciens des particules mais encore assez étrangère à nos conceptions du monde. Pauli fut l'un des premiers à percevoir ces effets « synchronistiques » dans le monde des particules et en fit part à Jung au cours de longues conversations. Et c'est par cette observation fondamentale que Jung a véritablement introduit le concept de synchronicité dans le monde de la psychologie :

**Le scarabée d'or**

Une de ses patientes, jusque-là très rationnelle, très « fermée », lui rapporte un jour un rêve où il est question d'un scarabée d'or. Jung lui fait remarquer que le scarabée (dans l'Égypte antique) est un symbole de renaissance, et le fait qu'il tienne le soleil entre ses pattes antérieures signe également une relation avec l'appréhension de l'essence de son être (un des symbolismes du soleil). Il s'agit donc, selon l'interprétation de Jung, d'une véritable renaissance à elle-même, un tournant majeur dans sa vie et dans sa thérapie, une mutation. Le temps que cette patiente puisse faire sienne cette interprétation, un choc se fait entendre contre la vitre située derrière le bureau de Jung. Ce dernier se retourne, ouvre la fenêtre, découvre une cétoine dorée (un insecte plutôt rare pouvant être considéré comme le scarabée d'or de nos contrées). Il s'en saisit et la donne à sa patiente : « Voilà votre scarabée d'or... »

Toutes les synchronicités ne sont pas aussi spectaculaires mais elles parsèment notre existence, surtout dans les moments forts ou décisifs de celle-ci. Ce sont des signes dont il importe de tenir le plus grand compte, des guides qui peuvent nous aider dans nos prises de décision, dans nos conduites et dans nos actes. Les synchronicités peuvent à bien des égards être considérées comme des intuitions extériorisées, dimension magique qui contribue, si nous lui prêtons attention, à un réenchantement du monde.

À titre d'exemple, voici un épisode que nous avons vécu.

## Le tube de Super Glue

Nous devions ce jour-là organiser un groupe de thérapie (holotropique) d'une vingtaine de personnes, qui devait se réunir dans un gîte de la forêt de Brocéliande. Dans cette perspective, il nous fallait (nous, les deux thérapeutes) préparer tout un chargement : une sonorisation avec les appareils adéquats, leurs câbles et connexions, des CD, des feutres, des crayons et aquarelles, des feuilles de dessin, et tout un ensemble de choses nécessaires au bon déroulement de ce séminaire, en plus de nos affaires personnelles. Nous avions donc, après beaucoup d'efforts, rempli notre voiture, et nous voilà partis.

Arrivés boulevard de Grenelle, juste devant le Monoprix de La Motte Picquet, Djohar m'interpelle : « Arrête, arrête ! » Avant même l'arrêt complet du véhicule, elle bondit et, sans savoir consciemment pourquoi, s'engouffre dans le Monoprix. Mue par une impulsion venue des profondeurs de son inconscient, elle se dirige comme un automate vers le rayon bricolage, prend un petit tube de Super Glue, le paie, le met dans la poche de son anorak, retourne tout aussi promptement à la voiture et me dit : « C'est bon, on peut y aller. »

Djohar oublie complètement cet épisode. Deux jours plus tard, au cours d'une promenade dans la forêt avec le groupe de participants, elle avise devant elle Jean-Claude, un de nos patients, qui se traîne, les épaules basses. Arrivée à sa hauteur, elle lui demande : « Tout va bien ? » « Non, lui dit-il, ça ne va pas du tout. Je suis tombé et j'ai cassé mes lunettes, je ne vois rien sans elles. » Il lui montre alors ses lunettes brisées en leur partie centrale. Il ajoute, l'air fort dépité : « Il me faudrait de la colle, et je n'en ai pas, il faut que j'attende la fin du séminaire… je ne sais vraiment pas quoi faire. » Réponse de Djohar : « Qu'à cela ne tienne… », et devant son air éberlué, elle plonge la main dans la poche de son anorak, en sort le tube de Super Glue et lui dit : « Voilà de quoi coller tes lunettes. »

Épisode, qui pour le reste du séminaire, l'a rempli de joie et d'émerveillement, comme si le monde, brusquement, ainsi que nous le disions plus haut, se réenchantait.

Cet épisode donne beaucoup à réfléchir. S'agit-il d'une synchronicité avec décalage dans le temps ? De la perception prémonitoire d'une situation à venir ? D'un envoi vers le passé de l'injonction d'acheter un tube de Super Glue ? Il est impossible de le savoir. L'ambiguité est totale. Notons cependant que l'intuition dont il s'agit ici s'est traduite par un acte impulsif fort peu, voire pas du tout, mentalisé.

## Le Yi King, une application remarquable de la synchronicité

### *Qu'est ce que le Yi King ?*

Ce livre d'oracle chinois écrit 1 000 ans avant notre ère est un ouvrage :

- qui est avant tout un livre de sagesse ;
- dont l'importance dans la société chinoise traditionnelle peut se comparer à celle de la Bible dans notre société occidentale ;
- fondé sur le principe d'une synchronicité provoquée par celui qui le consulte ;
- qui peut être consulté lorsque nous nous trouvons face à un choix, une situation ou un questionnement de grande importance mais dépassant nos capacités logiques (ou affectives) d'y répondre de façon totalement pertinente (tout est dans ce « totalement », comme vous pourrez le découvrir) ;
- auquel Jung accordait une importance extrême tout en disant que, vers la fin de sa vie, il n'avait plus besoin de le consulter,

dans la mesure où il pouvait jouer à l'égard de lui-même le rôle normalement dévolu à cet ouvrage.

### *La traduction française du Yi King*

Il est intéressant de signaler comment cet ouvrage, d'abord traduit et publié en Allemagne dans les années d'avant guerre (par Richard Wilhelm), fut publié en France au début des années 1970 aux éditions Librairie de Médicis. Le directeur de cette maison d'édition reçoit un jour la visite d'un étudiant de l'école des langues orientales qui lui demande un exemplaire du Yi King. Cet étudiant est stupéfait de découvrir qu'il n'existe pas de traduction française de ce livre dont il avait appris par ailleurs l'importance fondamentale. Une semaine se passe. Un autre étudiant (qui ne connaît pas le premier) réitère la même demande. Une autre semaine se passe, puis un certain Étienne Perrot apporte au directeur de la Librairie de Médicis le manuscrit de sa traduction française du Yi King.

Depuis 1973 d'autres traductions du Yi King ont vu le jour, de même que des centres de sensibilisation et d'interprétation du Yi King et des sites spécialisés dont celui-ci que vous pourrez consulter pour les modalités de tirage : http ://www.chinastral.com/chinastral/yi-king/yi-king.html

### *Dans quel état d'esprit consulte-t-on le Yi King ?*

Pour consulter le Yi King il vous faudra dans un premier temps choisir la question que vous souhaitez poser, question qui peut avoir une importance cruciale pour votre vie professionnelle, amoureuse ou familiale actuelle. En vous adressant au Yi King il faut savoir que vous n'obtiendrez pas de réponse directe à votre question mais un éclairage sur les jeux de forces et les conflits en présence et peut-être la suggestion d'une meilleure voie à suivre, presque toujours le renvoi à une attitude intérieure à mieux définir (on rejoint là une recommandation souvent évoquée ici – que se passe-t-il en votre for intérieur ?). On s'adresse au Yi King comme on pourrait s'adresser à un vieux sage, sans pour autant perdre de vue qu'il ne s'agit pas de se soumettre aveuglément à ses directives.

## Tirage du Yi King

- Pensez à une question dont vous avez de la peine, consciemment, à voir ou à ressentir la réponse.
- Mettez-vous en méditation et pensez à cette question.
- Laissez venir toutes idées autour de ce thème, la ou les solutions que vous pourriez envisager.
- Inscrivez-les dans votre carnet.

- Toujours dans cet état de méditation, procédez au tirage du Yi King.
- Méditez les hexagrammes obtenus.
- Comparez les réponses du Yi King et celles qui vous sont venues en méditation.

Chapitre 7

# Le corps

## Le corps et la place que nous devons lui attribuer

Ce n'est que depuis (relativement) peu que le corps réel est entré dans le champ de la thérapie et du développement personnel. Dans la perspective qui nous intéresse ici, le corps est d'abord posé comme le lieu des sensations, des éprouvés, des émotions, en un mot des ressentis.

Il n'est pas de ressenti qui soit purement psychique. Tout ressenti s'exprime par le corps et dans le corps. Ce dont témoigne là aussi le langage courant : j'en ai plein le dos, ça me prend la tête, ça me fait suer, ça m'étouffe, ça me serre le cœur, il me casse les pieds, ça me scie les jambes, ça me gonfle, enfin je respire. Bien que toujours présents, ces ressentis ne sont pas toujours conscients et il nous faut parfois un réel effort de volonté pour les percevoir. Ressentis qui peuvent nous être purement personnels, mais qui peuvent aussi provenir de la personne à qui nous avons affaire, qu'elle soit en notre présence ou pas. Ce sont dans ce cas des perceptions télépathiques dans lesquelles le corps (et ses ressentis) joue le plus grand rôle. On peut ici l'affirmer sans ambages : « Le corps est l'antenne de la réception télépathique. » (Marcotte, 1977, et Si Ahmed, 2006.)

L'explication tient au fait que notre corps est en relation avec ce qu'il y a de plus archaïque en nous.

**Le sens du mot « archaïque »**

– Ce qu'il y a au fondement même de notre être, de notre sentiment d'exister.
  Faites l'expérience (du moins – précision importante – dans l'état où vous êtes en lisant ces lignes) : pouvez-vous éprouver ce sentiment d'exister au-delà des limites de votre peau ? Non ? C'est donc bien que les deux se confondent : corps vivant et lieu du sentiment d'exister. Cette certitude est le fait d'une bonne harmonie relationnelle entre notre corps et notre psyché. Elle n'est pas du tout acquise chez certaines personnes, elle cesse de l'être (pour une part) dès que nous entrons en état de conscience modifié. Nos « barrières psychiques » s'estompent alors (très transitoirement).
– Ce qui est le plus enfoui dans les profondeurs de notre inconscient (et qui pourtant nous détermine), des profondeurs qui sont aussi des vécus corporels ou des mémoires corporelles.
  Ces dernières peuvent être correctement engrammées (impliées) façon DVD bien rangés mais peuvent dans certaines circonstances s'explier de façon tout à fait inattendue. Un vieux film se rejoue alors, d'abord

dans notre corps et ses ressentis, puis par jeux de projection, dans les situations de notre vie.

- Ce qui est référé aux vécus du fœtus et du bébé que nous avons été.
- Ce qui concerne des niveaux de fonctionnement de notre psyché où le temps n'existe plus, où les notions de dedans et de dehors, de moi et de non-moi ne sont pas encore définies. Et c'est bien parce que ni le temps ni l'espace du dedans et du dehors ne sont définis, *à ces niveaux-là de notre fonctionnement*, que télépathie et précognition peuvent exister. À condition toutefois qu'elles puissent se frayer un chemin vers notre conscient pour s'intégrer à ce qu'on appelle l'intuition.

## La respiration, une façon de s'arrêter sur nous-mêmes

Trouver l'inspiration (dans les différents sens du terme), ne pas manquer d'air ou au contraire être étouffé par l'autre, soupirer, être un soupirant, trouver un deuxième souffle, expirer, avoir du souffle, sont quelques-unes des expressions qui, tout en faisant partie du langage courant, signent notre relation au monde et à nous-mêmes. La relation à notre respiration exprime sur un mode symbolique (chargé de sens) ce que nous éprouvons, ce que nous ressentons et donc ce qui se passe dans notre monde intérieur. La modifier de façon très volontaire peut aller dans le sens d'un apaisement, d'un recentrement et par là même d'une meilleure appréhension de nos ressentis. De très nombreuses variantes sont suggérées quant à cette modification. Une technique parmi d'autres nous a semblé particulièrement efficiente : prendre une grande inspiration par le nez, puis faire une profonde expiration par la bouche, un temps d'arrêt et recommencer deux fois de suite les mêmes inspirations et expirations. Technique à laquelle il est possible de recourir plusieurs fois dans la journée quel que soit le contexte, par exemple au moment où nous arrêtons notre voiture et avant de sortir de celle-ci, après avoir eu une discussion particulièrement houleuse, durant les prémices d'une relaxation ou même avant de s'endormir.

Prendre conscience de sa respiration est la première étape de la création d'un espace intérieur où la perception intuitive peut advenir, comme on le voit dans l'exemple ci-dessous emprunté à Tolle (*Nouvelle Terre*, 2005, p. 208).

**Soyez conscient de votre respiration**

Remarquez l'expansion de la poitrine et de l'abdomen quand vous inspirez et leur légère contraction quand vous expirez. Une seule respiration consciente suffit à ménager de l'espace où il n'y avait auparavant qu'un flot ininterrompu de pensées. La respiration n'est pas quelque chose que vous faites, mais quelque chose dont vous êtes le témoin pendant que cela se passe. Point besoin d'effort. La conscience de la respiration est un moyen extrêmement efficace pour faire de l'espace dans votre vie, pour générer de la conscience.

## Écouter nos ressentis et cette autre partie de nous-mêmes qui « sait »

Dans les groupes de télépathie que nous animons, nous constatons souvent, en début d'entraînement, combien il est difficile pour certains participants de faire confiance à la petite voix qui semble avoir trouvé, « persenti » (senti ou perçu « à travers » vous), contre toute logique, le message envoyé. Cette petite voix qui « sait » de façon intuitive est le reliquat du mode de fonctionnement du bébé que nous avons été. C'est en effet sur un mode télépathique que le bébé communique avec sa mère (*cf.* Ehrenwald, 1981). Il s'agira donc d'un véritable réapprentissage ou plutôt d'une désinhibition et du déploiement d'une capacité que nous avions tous étant bébé et très jeune enfant et que notre éducation, la nécessité de nous exprimer par des mots pour devenir un être social, ont reléguée au magasin des outils obsolètes mais sans la détruire pour autant. Or c'est bien en réveillant, en écoutant ce que ces différentes parties de nous-mêmes (ressentis) ont à nous dire, et notamment cette partie bébé toujours présente, que nous accédons à une information plus juste, plus complète, parfois plus immédiate des choses et des gens. Il ne s'agit pas, là aussi, de privilégier un mode de fonctionnement au détriment de l'autre mais de les intégrer l'un à l'autre.

## La relaxation, une des premières marches vers l'intuition

Il est une grande loi qui régit le fonctionnement de notre monde intérieur et les relations de notre corps et de notre conscience. Cette loi est parfois appréhendée de façon purement intuitive ou empirique mais n'a jamais à notre connaissance été pleinement exprimée, si ce n'est dans quelques revues spécialisées au tirage confidentiel.

La relaxation est une des premières étapes d'un désinvestissement énergétique du corps. Plus le corps est énergétiquement désinvesti, plus la conscience peut s'en affranchir. Elle s'émancipe alors (et en proportion de ce désinvestissement) de ses habituelles limitations corporelles, mais aussi spatiales, temporelles et logiques. Elle peut alors s'ouvrir plus pleinement à nos capacités psi. Il y a des degrés dans cette émancipation et dans cet élargissement du champ de conscience qui en résulte.

Il existe de très nombreuses méthodes de relaxation, diversement nommées, utilisant ou non des musiques appropriées, sous la conduite ou non d'un thérapeute, que l'on peut pratiquer assis ou couché. Leur simple inventaire dépasserait le cadre de ce livre. On pourra s'en faire quelques idées en consultant le Web.

*Relaxation au quotidien*

Tout d'abord, voici une petite variante de relaxation qui peut se pratiquer régulièrement à plusieurs moments de la journée : il suffit d'utiliser une ou cinq minutes, puis de revenir à soi.

**Observez votre monde intérieur**

Asseyez-vous, portez votre attention sur votre respiration et fermez les yeux. Faites ainsi quatre ou cinq cycles de respiration : inspiration et expiration lentes, tout en observant ce qui se passe en vous et tout en laissant le monde extérieur s'éloigner au profit de l'attention que vous allez porter à votre corps et votre monde intérieur.

– Vous n'avez rien d'autre à faire qu'à être présent en vous-même pendant ces quelques minutes.
– Observez tranquillement les changements observés dans votre corps, la perception du poids de votre corps sur votre chaise ou dans votre fauteuil.
– Écoutez, goûtez, sentez, voyez, jouez avec vos différents sens.
– Ressentez tranquillement chaque partie de votre corps : reconnectez-vous avec vos pieds, vos jambes, votre bassin, votre dos et votre poitrine, votre tête et votre visage.
– Au bout de quelques minutes, bougez lentement les différentes parties de votre corps, les pieds, puis les mains.
– Ouvrez les yeux et reprenez peu à peu conscience de votre environnement.

*Relaxation profonde*

Voici maintenant un texte simple de relaxation que vous pouvez enregistrer ou faire enregistrer par un ou une amie (proche, ce sera mieux, et vous pourrez utiliser le « tu » au lieu du « vous »). Dans ce texte il est important de respecter les silences qui correspondent aux points de suspension. Ces silences scandent le discours relaxant, en ralentissent le rythme et laissent aux paroles le temps de résonner en vous.

En premier lieu, vous vous installez confortablement dans un fauteuil ou sur une chaise, en veillant à ce que rien ne vous dérange : ni vêtements serrés, ni téléphone, ni rendez-vous, etc. Pour le travail sur l'intuition, il est préférable de rester assis car le but n'est pas de vous endormir mais d'élargir votre champ de conscience. Puis vous lancez l'enregistrement que voici :

**Prenez le temps de ressentir votre corps**

Je vous propose de vous installer confortablement... et de laisser votre corps trouver la position la plus confortable, la plus agréable... sur le support sur lequel vous êtes installé.

Repérez un point en face de vous et, pendant que vous le fixez, portez votre attention au niveau de votre respiration... Prenez une profonde et lente respiration par le nez, puis expirez profondément et lentement par la bouche.

Un temps d'arrêt et recommencez deux fois de suite les mêmes mouvements respiratoires. Inspirez et expirez... tranquillement... tout en remarquant le mouvement de l'air qui entre et qui sort, le rythme de votre respiration qui devient calme et tranquille. Dans le même temps, vous pouvez remarquer que votre corps comme votre esprit se posent... au rythme de votre respiration...

Pendant que vous laissez votre respiration trouver un rythme tranquille et agréable... vous pouvez porter votre attention au niveau de votre corps... prendre conscience de la façon dont votre corps est... porté par le fauteuil sur lequel vous êtes installé. Ressentez le contact de votre dos... avec le dossier, le contact de votre tête tranquillement portée par le coussin... Ressentez cette sensation agréable d'être porté par le support sur lequel vous êtes allongé.

Vous pouvez ressentir votre corps... et cette agréable sensation de calme et de bien-être qui commence peut-être... à s'installer en vous... pendant que vos paupières peuvent maintenant peut-être tranquillement se fermer, si ce n'est pas déjà le cas.

Et... vous pouvez... prendre le temps... de vous détendre, de vous sentir plus... confortablement installé... de façon à porter votre attention plus particulièrement au niveau de vos pieds... de ressentir vos pieds, la température de vos pieds, une certaine détente... un certain confort... comme une onde de détente au rythme de votre respiration... Cette sensation agréable de détente au niveau de vos pieds peut remonter le long de vos jambes, de vos hanches jusqu'à votre ventre. Et vous pouvez… suivre… le trajet de cette sensation agréable, le long de votre poitrine, de votre gorge, de votre visage qui peut se détendre tranquillement et agréablement… pendant que cette sensation, cette onde de détente remonte le long de votre front, redescend sur l'arrière de votre tête, le long de votre dos, de vos bras et de vos mains. Et vous pouvez… prendre un instant pour… apprécier ce sentiment agréable de détente, de confort, de tranquillité… simplement… agréablement. Et maintenant, à la faveur de l'état de détente, de bien-être et de quiétude… dans lequel vous vous trouvez… maintenant… vous pouvez laisser votre conscience s'élargir, s'épandre… Un état de présence et de réceptivité qui peut vous permettre d'élargir le champ de votre conscience : imaginez que vous envoyez votre conscience au niveau des murs de la pièce où vous vous trouvez, puis de là à l'ensemble de l'appartement, puis encore plus loin, percevez la place de l'appartement dans votre immeuble… ensuite, la place de l'immeuble dans lequel vous vous trouvez, parmi un ensemble d'autres immeubles, puis cet ensemble d'immeubles dans le quartier et même dans la ville… touchez… sentez… écoutez….voyez… Prenez le temps de sentir mentalement les différents endroits que vous avez parcourus ou que vous pouvez imaginer…

Et quand votre inconscient le souhaitera… il vous ramènera, au rythme qui est le sien, dans la réalité de cette pièce, vous pourrez à ce moment-là vous étirer en prenant une profonde respiration pour revenir à la réalité… de cette pièce… tout en conservant le souvenir de ce que vous avez pu rêver, en gardant les ressources que vous avez pu mobiliser… ou délivrer quelques injonctions en faveur de l'éveil de perceptions télépathico-prémonitoires.

Vous pourrez alors ouvrir les yeux et vous réorienter dans l'ici et maintenant de la présence à vous-même.

Chapitre 8

# Observation et métacommunication

## Prendre conscience de nos perceptions métacommunicatives

On appelle métacommunication les informations qui nous sont délivrées par celui qui nous parle en deçà de son discours, en deçà de ce dont il a conscience. Ces informations sont en général perçues sous la forme d'une impression générale qui peut atteindre ou non notre conscience. Mimiques, gestuelle, débit verbal, intonations et surtout directions du regard, nous apportent une masse énorme d'informations sur ce qui se joue dans le monde intérieur de l'autre.

Ces informations sont précieuses car elles peuvent nous aider à déterminer jusqu'à quel point l'autre est sincère, digne ou non de confiance, présent ou non dans la relation. Elles peuvent aussi cautionner ou infirmer notre perception télépathique toujours présente, même si l'autre est en face de nous.

Apprendre à mieux cerner et conscientiser ces données métacommunicatives étayera donc ou pas nos perceptions télépathiques et pourra même les soutenir, les révéler les authentifier et *in fine* les conscientiser. Et c'est bien à partir de cette collaboration (harmonisation) entre perceptions métacommunicatives et télépathiques que l'intuition pourra se définir. Et, avec le temps, se développer.

## Trois exercices simples

Moins une fonction est sollicitée et plus elle a tendance à s'étioler. Et l'on peut en dire autant de la fonction psi. C'est la raison pour laquelle, et un peu en opposition avec ce que nous vous avons dit par ailleurs (opposition n'est pas ici synonyme d'antinomie), que nous vous proposons ici trois exercices simples que vous pouvez éventuellement réaliser en famille.

### *Le téléphone*

Voici un des exercices les plus simples que nous offre la vie quotidienne pour développer nos capacités intuitives. Le téléphone sonne, juste avant de décrocher et évidement sans regarder le numéro, deux questions sont à se poser : à qui étais-je en train de penser dans les minutes qui ont précédé cette sonnerie ? Qui cela peut-il bien être ?

### Devinez qui vous appelle

Prenez votre carnet et tracez trois colonnes sur chaque page : une pour la personne à laquelle vous étiez éventuellement en train de penser, une pour : « Qui cela peut-il bien être ? », une autre pour le résultat. Et une petite place à gauche pour noter le jour et l'heure. Chaque niveau de colonne correspond à un appel.

Chaque semaine : bilan. Quel score ai-je obtenu ?

Un bon moyen de faire le point sur vos facultés intuitives et leur progression.

Dans cette recension, il y a aussi un autre aspect : la fréquence des appels reçus peut refléter (une indication statistique) l'intérêt que les autres vous portent, donc la qualité de l'ouverture que vous leur témoignez...

## *Les cartes de Zener*

Vous pouvez soit acheter un jeu de cartes de Zener, soit en dessiner un sur des bristols de formats identiques. Nous avons ainsi vingt-cinq cartes qui se divisent en cinq cartes portant une croix ; cinq, une étoile ; cinq, un carré ; cinq, des lignes ondulées et cinq, un cercle.

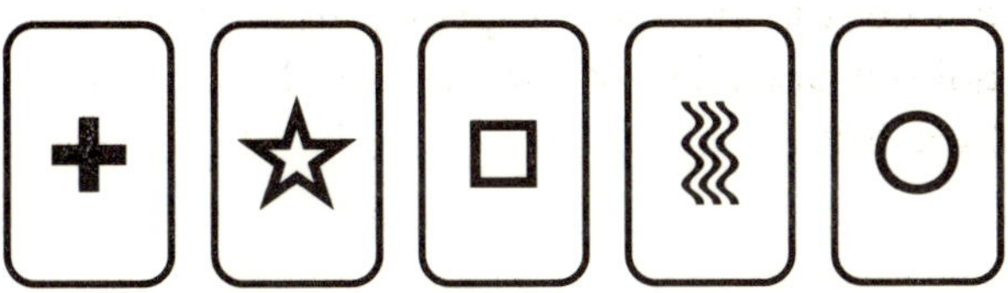

### Expérience avec les cartes de Zener

Pendant que votre partenaire bat le jeu, fermez les yeux et mettez-vous dans les dispositions décrites plus haut : relaxation et esprit d'enfance, il s'agit de jouer, tout en sachant que le jeu peut être aussi une chose sérieuse.

Détendez-vous, entrez à l'intérieur de vous-même et mettez-vous en relation avec votre partenaire qui va tirer une carte après l'autre. À chaque fois qu'il tire une carte, énoncez la figure qui vous vient à l'esprit. Il ne s'agit pas de deviner mais de laisser l'information venir à vous.

Ainsi pour les vingt-cinq cartes. Vous pouvez refaire ce test plusieurs fois de façon à développer votre capacité à « lire » à distance l'information.

Pour ceux qui aiment les statistiques et l'évaluation, une bonne perception de cinq cartes sur vingt-cinq correspond au hasard : aucune perception intuitive en ce cas. Percevoir dix ou douze cartes est très en faveur d'une excellente intuition, de même que n'en percevoir qu'une ou deux. Dans ce dernier cas, il est plus que probable qu'il y a eu perception intuitive mais qu'elle a été refoulée (ratage excédentaire). Ceux qui sont au-dessus du hasard ont été appelés moutons, ceux qui sont très en dessous, chèvres : docilité dans le premier cas, rébellion dans l'autre. Pour un statisticien, tirer une seule fois une série de vingt-cinq cartes n'est pas vraiment considéré comme valide. Les choses commencent vraiment à être sérieuses à partir de quatre séries. Mais un écueil surgit : si l'expérience se prolonge, une lassitude apparaît et avec elle une disparition de l'effet psi.

À noter aussi qu'il peut y avoir, moins fréquemment toutefois, prémonition ou rétrocognition. Pensez alors à examiner les résultats obtenus dans cette perspective.

Les cartes de Zener, utilisées dans la recherche sur le paranormal, constituent aussi un moyen simple d'objectiver (pas totalement, il faut le préciser) nos capacités intuitives. L'institut métapsychique www.metapsychique.com vous propose aussi des jeux du même ordre et de nombreux articles souvent forts éclairants sur ces sujets.

## Lecture intuitive d'un objet ou d'une photo dans une enveloppe

Demandez à votre partenaire de choisir une photo de quelqu'un de sa famille, ou de la vôtre, ou bien la photo d'une personne publique, un texte, une carte postale qu'il mettra, bien sûr en dehors de votre présence, dans une enveloppe fermée. Il peut même vous en préparer cinq ou six que vous tirerez l'une après l'autre. En vous branchant sur le contenu de l'enveloppe, autrement dit sur la cible, laissez venir à vous les sensations, les images, les sentiments, les couleurs, les formes. Écrivez tout cela au fur et à mesure des informations qui vous viennent, sans jugement, sans critique. Chaque cible demandera quelques minutes, cinq au maximum, pour ne pas vous laisser entraîner dans un flot associatif qui vous éloignerait trop de la tâche.

Entre chaque enveloppe, faites l'exercice de la respiration, revenez à vous-même et à votre monde intérieur, puis imaginez que votre conscience va s'ouvrir, pour aller trouver, voir, entendre, goûter, sentir la cible cachée. Jouez avec vos sens.

Ces deux derniers exercices sont à réaliser avec un partenaire. Si vous êtes seul vous pouvez pratiquer l'exercice suivant.

### Une variante à pratiquer seul

Prenez cinq ou six photos ou cartes postales bien différentes les unes des autres, mettez-les sous enveloppe et mélangez-les.

Ensuite, procédez de la même façon : tirez une enveloppe au hasard, branchez-vous sur le contenu et décrivez les sensations, couleurs, sentiments, formes, mouvements, etc. qui vous viennent à l'esprit. Inscrivez-les sur un carnet pour pouvoir comparer dans un second temps.

Bien entendu, des questions se poseront si nous devons analyser ce matériel : s'agit-il d'intuition, de clairvoyance, de télépathie, de prémonition ou tout cela à la fois ? Cela n'a pas d'importance.

Ce qui importe avant tout, c'est cette capacité que vous allez développer peu à peu de pouvoir entrer en vous-même pour mieux persentir (sentir ou percevoir « à travers » vous) des informations extérieures et développer ainsi votre sixième sens.

Chapitre 9

# Deux approches pour ouvrir notre champ de conscience

## Les GET ou les groupes d'entraînement à la télépathie

### *Un abord systématisé mais ludique*

Nous avons évoqué au début de ce livre les liens de l'intuition avec la télépathie et la définition que l'on peut proposer pour ces deux termes : la télépathie, perception à distance (et sans le recours aux sens habituels) du ressenti d'un autre en relation avec une image ou une pensée. Ce ressenti peut être en grande partie inconscient. Il peut porter aussi sur un objet ou sur une situation présente, passée ou à venir. On évoque dans ce cas le terme de clairvoyance. La télépathie ne devient intuition que lorsque les ressentis qui lui sont liés peuvent se conscientiser, se lier à des images ou être pensés et verbalisés.

Le distinguo entre télépathie et intuition est, dans la réalité de notre fonctionnement, un peu spécieux dans la mesure où ces différentes composantes sont très souvent intriquées.

Les GET sont une activité qui a centré la recherche métapsychique (on dit maintenant paranormale) depuis la fin du XIX^e siècle. C'est une véritable tradition et une recherche poursuivie en France presque sans interruption (périodes de guerres exceptées) depuis plus de cent vingt ans. On en trouvera le détail dans l'ouvrage de Djohar Si Ahmed, *Pour une psychanalyse des expériences exceptionnelles.*

L'entraînement à la télépathie se déroule en petits groupes de six à huit personnes.

## *Comment fonctionne un GET ?*

Lorsque le groupe est réuni, il se divise en deux sous-groupes, un peu au hasard, selon les affinités et les inspirations du moment. Chaque sous-groupe joue alternativement le rôle de l'agent (celui qui envoie le message) et du percipient (celui qui le reçoit). Il reste identique dans sa composition au cours d'une même séance mais change d'une semaine à l'autre. Lors de la préparation du message à envoyer, les agents se rendent dans une autre pièce de l'appartement ou du local, laissant les percipients dans la salle principale, où il se relaxent.

Le sous-groupe d'agents met au point une histoire qu'il envoie mentalement, en l'incarnant, la vivant, la ressentant, aux percipients, qui sont en état de relaxation légère et les yeux fermés. Ces derniers sont invités à se brancher mentalement sur les agents et à être attentifs à leurs ressentis et aux images qui peuvent leur apparaître. Les ressentis ont une importance fondamentale : c'est bien dans le corps et par le corps que les messages télépathiques peuvent être reçus, ainsi que nous l'avons précisé plus haut. Le corps est l'antenne de la réception télépathique.

Papier et crayons sont à la disposition des percipients qui peuvent, avant de prendre la parole, dessiner leur réception, soit sous la forme d'un dessin, soit d'une courbe où sera notée la succession des éléments reçus (lorsqu'il s'agit d'un scénario) ou l'objet principal du message.

La parole leur est ensuite donnée à tour de rôle. Quand la verbalisation est difficile, on demande aux participants de mimer l'histoire. Ensuite, on compare ce qui à été envoyé et ce qui a été reçu. Quelques conventions, directives et techniques doivent ici être précisées et peuvent s'adjoindre à ce scénario de base.

### *Les conventions de base*

Elles sont applicables pour tous les exercices que nous avons proposés, qu'ils se fassent individuellement, à deux, ou en groupe :

**Cherchez et trouvez**

Laissez venir à vous les ressentis, les émotions, les images sans chercher à deviner quoi que ce soit.

Adoptez une attitude intérieure de réceptivité et non de recherche, comme l'avait si bien repéré Picasso. (Une dame de la haute société rend visite à Picasso dans son atelier. Croyant sans doute lui faire un compliment, elle lui dit : « Maître, expliquez-moi... où allez-vous chercher tout ça ? » Réponse de Picasso : « Mais madame, je ne cherche pas, je trouve ! »)

Pour trouver, mettez-vous dans l'état de réceptivité qui conviendra à ces trouvailles, à ces découvertes.

Trouver sans chercher. Savoir laisser venir à soi les informations : une règle d'or. Tout comme laisser venir à soi un peu de l'âme du monde ou de l'autre... dans le processus de la création.

Cela ne va pas de soi, habitués que nous sommes à notre système éducatif fondé pour l'essentiel sur les valeurs d'effort, de recherche et d'évaluation. Ce dernier terme est aussi à l'origine de la seconde convention :

S'abstenir de tout jugement, de toute évaluation, sur sa propre réception comme sur celle des autres. L'évaluation est antinomique de ce processus d'apprivoisement ou plutôt de désinhibition de cette fonction télépathique que nous possédons tous au moins de façon potentielle. Des préceptes que l'Éducation nationale pourrait fort bien reprendre à son compte.

## *Règles et limitations*

Participer à un GET, c'est un peu comme participer à un jeu, avec ce que cela suppose de libertés intérieures. Mais ce jeu a aussi des règles et des limitations qui vont assurer son bon fonctionnement.

## Entraînement à la télépathie

**L'agent**

Choisissez une petite histoire mettant en scène le corps : courir, jouer au tennis, etc. (en dehors de votre partenaire, bien sûr).

Choisissez une histoire courte, simple, de tous les jours.

Puis représentez-vous l'histoire dans toutes ses composantes matérielles, affectives.

Ressentez-la dans votre corps : vivez l'action comme si vous la faisiez réellement.

Puis imaginez que vous faites participer l'autre (le percipient) à cette action. Représentez-vous votre partenaire le plus objectivement possible en train de faire l'action ou de regarder l'image que vous avez choisie.

**Le percipient**

Faites quelques respirations, puis fermez les yeux.

Imaginez-vous être votre partenaire regardant la cible ou faisant l'action choisie face au message ou bien réalisant l'action ou le scénario envoyé.

Verbalisez toutes les idées qui vous sont venues à l'esprit.

Dessinez-les ou laissez votre main dessiner la réception.

Comparez-les au scénario envoyé.

Méditez sur votre « réussite » ou votre « échec ».

Puis changez de rôle.

### *Deux grands apports des GET : apprendre à moins projeter et à ouvrir nos canaux sensoriels*

Outre la désinhibition de la fonction psi (dont la télépathie fait partie intégrante), les GET permettent progressivement de faire la bipartition entre un matériel (lié à un ressenti) s'originant de l'autre ou de soi-même. S'il s'origine de soi et que nous l'avons traité comme un matériel venant de l'autre, nous sommes dans une fausse perception intuitivo-télépathique, autrement dit une projection (Hergé nous en a donné une magnifique illustration). Apprendre à moins projeter et à nous ouvrir davantage à l'espace psychique de l'autre (quand la situation y est favorable) est un progrès remarquable dans notre évolution, notre relation à l'autre et notre accès à une véritable intuition.

Autre apport du GET : un message télépathique ne concerne pas uniquement le contenu de ce message. Il inclut également son mode de traitement, et notamment celui que l'agent et le percipient utilisent. Un peu comme pour un matériel informatique ayant besoin d'un logiciel d'installation pour fonctionner. On parle de canaux visuel, auditif, tactile, gustatif ou olfactif qui régissent notre façon de traiter les informations qui nous parviennent du monde extérieur et/ou de la psyché d'autrui, quelle que soit la voie utilisée, celle des sens ou celle du psi. Avec les GET, il est arrivé que certains canaux jusque-là fermés puissent s'ouvrir. Par exemple, un participant à un GET, surtout

« visuel » et très peu « auditif », avait de ce fait un sens musical des plus restreint. À son plus grand étonnement (et au nôtre), il s'est ouvert au fil des mois au plaisir de la musique et à un sens musical dont il était jusque-là totalement dépourvu.

**Les déformations de la perception télépathique**

À titre d'exemple, voici une perception télépathique en relation avec l'envoi d'une scène bucolique : cueillir des fleurs sauvages et en former un bouquet. Cet exemple est particulièrement intéressant car il nous confronte à la réalité d'une perception télépathique, ainsi qu'aux déformations du message perçu lors de sa remontée vers le conscient :

« C'est une chanson de Brel qui me vient à l'esprit : est-ce un lointain voisin, un voyageur perdu… et l'image de blés. Des champs de blé. Il y a comme des personnages et une scène qui me vient, celle de moissonneurs, soit un tableau genre *Angélus* de Millet ou un tableau de Van Gogh dans des jaunes d'or, c'est un tableau de la période d'Arles, ce ne sont pas des tournesols mais des blés, c'est comme une journée de printemps… on est comme suspendu entre ciel et terre, c'est quelque chose qui sera toujours là sur lequel le temps n'a pas de prise. »

On le constate, le message est passé mais avec des déformations considérables : la première phrase n'a aucun lien apparent avec l'envoi, puis les choses commencent à se préciser : on est bien dans la nature mais les fleurs sont devenues des blés, l'idée de bouquet à constituer s'est transformée en blés à moissonner, puis les fleurs apparaissent sous la forme de tournesols évoqués par une dénégation (ce ne sont pas…), puis Van Gogh s'impose, Van Gogh dont on connaît l'affection pour les fleurs, tournesols et bouquets. Le contexte se précise : c'est une journée de printemps.

Mais avant Van Gogh, c'est Millet et son *Angélus* qui sont apparus. Millet et son *Angélus* renvoient à la mort (voir sur le Net ce qui est dit à ce sujet et en particulier la relation de Dalí à ce tableau). La mort est aussi une possible dimension du message : l'idée apparemment anodine de fleurs cueillies – ou coupées – a réveillé, par le symbolisme auquel renvoie cette représentation, de fortes angoisses de mort. Ces angoisses restées inconscientes sont à l'origine d'un aménagement défensif : le printemps d'abord (et son renouveau), puis (plus radical), l'arrêt du temps. Et, de ce fait, si le temps est suspendu, la mort n'existe plus.

Comme vous pouvez le constater, la télépathie n'est pas un analogon d'une radio mentale. Exceptionnellement et par une sorte d'illumination, il peut arriver que le message soit verbalisé *ad integrum* – ici ce serait : je suis dans la nature face à de superbes fleurs que je cueille pour en faire un bouquet. La plupart du temps, il y a comme ici des déformations qui sont le résultat de tout un travail de l'inconscient, exactement comme dans le rêve.

## LE TRH
## ou travail de respiration holotropique

### *L'intuition dans sa forme majeure*

Évoquer le TRH est aussi une façon de mettre les choses en perspective. À côté d'une perception intuitivo-télépathique de la vie quotidienne qui témoigne déjà d'une notable ouverture de son champ de conscience, le TRH ouvre les portes de la psyché de façon beaucoup plus importante et de façon remarquablement autorégulée. Tout se passe comme si une instance inconsciente amenait les participants à ces séances et, dans un tel cadre, à actualiser l'exact matériel dont la psyché a le plus vitalement besoin pour surmonter un blocage (blocage est synonyme de fermeture ou d'enfermement, à l'instar d'une porte qui se bloque) et, plus fondamentalement, pour évoluer, guérir ou changer. Cette instance est une sorte de mise en œuvre d'une super faculté intuitive ramenant à la surface ce qui contribue à nous bloquer dans les plus extrêmes profondeurs de nous-mêmes. Elle peut être appelée, selon les cas, guérisseur interne ou évolueur. S'actualisent ainsi des vécus jusque-là totalement inconscients, très souvent engrammés dans quelques mémoires corporelles, très souvent traumatiques mais parfois aussi référés aux niveaux les plus élevés, les plus spirituels de notre être – dans ce cas, des forces ou des énergies de guérison.

Rappelons ici que le TRH est une méthode psychothérapique fondée sur l'entrée en état de conscience fortement modifié, induit par l'hyperventilation, des musiques spécifiques, un contexte groupal et un éventuel travail corporel aidant au déploiement des vécus, ressentis et émotions surgissant dans un tel contexte. Avec une « prise de conscience » de ce qui conditionnait jusque-là les grandes lignes de notre personnalité et de notre mode d'être au monde.

Outre les indications pour dépasser blocages et souffrances psychologiques, cette approche est remarquable pour se reconnecter avec soi-même, son intuition, ses processus de création et de créativité, la dimension de jeu ; toutes capacités qui peuvent à un moment ou un autre être inhibées.

## Jacques, l'inspiration retrouvée

Jacques est un écrivain célèbre, qui traverse une période de blocage total quant à sa créativité. Des mois et des mois devant la page blanche, ce qui le remplit d'angoisse.

On ne sait trop par quelles circonstances, conseil d'ami ou lecture d'un article, Jacques s'inscrit à une session holotropique et vit une expérience de transe (accompagné par nous et par le groupe), dont il sort comme purifié ; il a le sentiment que les couleurs sont lavées, que les sons sont plus beaux, que les aliments qu'il goûte sont succulents comme jamais auparavant. Il éprouve une compassion qu'il n'éprouvait plus depuis de longs mois et se sent devenu neuf avec une sensorialité retrouvée. Il est de nouveau connecté à lui-même, à ses forces vitales.

Quelques jours plus tard, Jacques revient nous voir en consultation. Il a pu se mettre au travail avec plaisir, les choses sont devenues fluides, les personnages ont commencé à prendre corps et, à l'instar de ce que disait Balzac de ses personnages, il n'a plus qu'à les suivre pour écrire le roman.

Que s'est-il passé ?

L'entrée en état de conscience modifié, voire très modifié, possède en elle-même des effets émancipateurs pour la conscience, qui cesse d'être assujettie aux habituelles contraintes du corps, du temps, de l'espace et de la logique. À la suite de quoi le sens des choses vécues, l'impulsion à changer et/ou à évoluer et l'élan créateur trouvent à s'exprimer.

### *Spécificités du TRH*

Il est souvent rapporté, au cours de certaines expériences holotropiques, comme pour Jacques, un curieux changement de perception, comme si les couleurs du monde extérieur étaient devenues plus éclatantes. Ce changement s'opère aussi dans la perception des autres et dans le sens d'un soudain éveil de ce sentiment d'altruisme évoqué plus haut, effets post-holotropiques pouvant s'intégrer dans un authentique changement du mode d'être au monde et à soi-même.

# Conclusion

Les mots s'inscrivent souvent dans des constellations, des groupes de mots aux significations très voisines. Nous l'avons vu pour intuition, télépathie et fonction psi. Question de regard et de préconception. En changeant cette fois le domaine d'application, une autre constellation apparaît : l'intuition devient alors très proche d'inspiration et de connaissance. L'intuition serait plutôt une affaire de vie quotidienne ; l'inspiration relevant plus du domaine de la création ou de la créativité ; la connaissance, de celui de l'apprentissage.

Le domaine change mais il s'agit fondamentalement d'une seule et même chose. Si on était dans le domaine de l'apprentissage, le terme de connaissance surgirait.

Ainsi la connaissance se différencie-t-elle du savoir. Le savoir est inculqué, c'est l'autre qui nous l'apporte. La connaissance (comme l'intuition, comme la création), est le résultat d'un travail intérieur, d'un cheminement, le reflet d'une évolution de notre être, ce que reflète l'étymologie du terme : naître avec. Ce qui s'impose à nous est né grâce à nous, et nous-mêmes avons progressé (dans notre être) à la faveur de ce travail intérieur. Une double naissance, donc. Le résultat d'une « collaboration entre la force du raisonnement et des informations émergeant d'une source inconnue » (Einstein). Encore faudrait-il apprendre à s'ouvrir à cette « source inconnue », en reconnaître l'existence et la fiabilité. Une « source inconnue » qui pourrait aussi fort bien s'appeler… intuition.

S'ouvrir à cette « source inconnue » est effectivement possible et même extraordinairement facilité par l'entrée en état de conscience modifié.

Cela n'a certes pas échappé à de nombreuses personnalités. Einstein, bien sûr, mais avant lui Baudelaire et ses paradis artificiels, les surréalistes (période des « sommeils »). Plus récemment, les produits dits psychédéliques (c'est-à-dire « ouvrant les porte de la psyché – et de la perception) ont été largement utilisés pour induire ces états dans la création littéraire (Arthur Koestler) et poétique (Henri Michaux). On pense aussi aux Beatles qui surent recourir au LSD dans une des périodes les plus fécondes de leur trajectoire.

L'intuition sous une forme mineure, les GET sous une forme plus systématisée, le TRH sous une forme majeure, constituent les trois approches possibles de ce que peut être une expansion de notre champ de conscience. Et cela ouvre à toute une réflexion sur ce que la conscience peut être. Classiquement, la conscience est liée au fonctionnement de notre cerveau, elle serait donc comme encapsulée à l'intérieur de notre boîte crânienne. Lorsque le cerveau est hors fonction, la conscience disparaîtrait. Le cerveau produirait de la conscience tout comme le foie produirait de la bile, et les neurosciences rendraient compte de cette réalité. Il est cependant maintes situations qui interrogent la validité d'une telle conception.

– Les expériences de sortie du corps (*OBE – Out of Body Experiences*) et plus encore celles de mort imminente (*NDE – Near Death Experiences*) au cours desquelles la conscience se vit comme totalement détachée du corps (elle ne doit pourtant pas l'être tout à fait puisqu'elle peut le réintégrer). Occurrences que certains voudraient ramener à de purs phénomènes hallucinatoires.

– Les personnes qui, au sortir d'un coma profond, témoignent de l'acuité de leur présence consciente durant celui-ci. On pense à cet enfant français hospitalisé en Italie suite à un grave accident au cours duquel ses parents trouvèrent la mort et lui-même perdit une partie de sa substance cérébrale. En coma profond pendant plusieurs mois, lorsqu'il revint à la vie on eut la surprise de constater qu'il parlait parfaitement l'italien, langue dont il ignorait, avant l'accident, jusqu'aux rudiments (cité par Françoise Dolto).

– L'expérience du TRH où le sujet peut parfaitement revivre avec une grande intensité et une précision, une lucidité stupéfiantes des épisodes de sa conception, de sa gestation et de sa naissance avec un luxe inouï de détails, et ceci en des périodes au cours desquelles soit il n'existait pas en tant qu'individu, soit son cerveau n'avait pas encore terminé sa maturation. Non encore « myélinisé », il ne pouvait selon les conceptions classiques être fonctionnel, donc capable de conscience.

Malgré l'énigme encore totale que représente la conscience pour les neurobiologistes, malgré l'existence des faits susmentionnés, la conviction d'une conscience « consubstantielle » de notre cerveau reste la seule admise dans le monde des neurosciences et donc dans le monde sérieux qui est celui des universités – voir Meheust (2005). On pourra aussi méditer avec profit sur cette petite histoire, qui est aussi un témoignage.

Nous sommes au temps de la TSF. Un grand poste trône dans le salon. C'est l'heure des nouvelles et ça parle dans le poste. L'enfant, qui a trois ans, s'approche, très intrigué, et après un long moment d'observation demande à ses parents : « Comment ce monsieur a-t-il pu rentrer dans le poste ? »

On l'aura compris, le poste, les entrailles du poste, c'est un analogon du cerveau. Ces circuits, ces haut-parleurs, c'est ce qui permet au speaker de s'exprimer et d'être entendu, mais sa personne réelle et consciente est ailleurs, dans un autre espace.

Ne jamais confondre (à l'instar de ce petit enfant) ce qui n'est qu'une machinerie et ce qui la gouverne.

L'intuition, la fonction psi, et plus encore les grandes ouvertures du champ de conscience constituent le moyen de nous libérer de nos blocages, pour rendre pensable ce qui ne l'était pas et pour nous libérer, nous rendre plus créatifs, plus intuitifs, plus connectés à nous-mêmes et aux autres.

L'intuition peut être considérée comme un sommet émergé (parce susceptible d'émerger dans notre vie quotidienne) de l'iceberg. Les grandes ouvertures du champ de conscience permettent pour leur part d'aller explorer cet iceberg dans ses profondeurs où l'on ne connaît ni le temps, ni l'espace, ni l'altérité.

# Bibliographie


Agnel A. (sous la dir. de), *Dictionnaire Jung*, Éditions Ellipses, 2008.

Baudouin C., *L'Œuvre de Jung*, Petite Bibliothèque Payot, 1993.

Ehrenwald J., *Le Lien télépathique*, Éditions R. Laffont, 1981.

Gigerenzer G., *Le Génie de l'intuition*, Éditions Belfond, 2009.

Grof S., *Les Nouvelles Dimensions de la conscience*, Éditions du Rocher, 1992.

Jung C. G., *Problèmes de l'âme moderne*, Éditions Buchet-Chastel, 1960.

Kabat-Zinn J., *Où tu vas, tu es*, Éditions J'ai lu, 2005.

Marcotte H., *La Télésthésie*, Éditions de la Renaissance, 1977.

Meheust B., *100 Mots pour comprendre la voyance*, Éditions Les Empêcheurs de penser en rond, 2005.

Pigani E., *Psi, enquête sur les phénomènes paranormaux*, Éditions Presses du Châtelet, 1999.

Ricard M., *L'Art de la méditation*, Éditions Pocket, 2010.

Ricard M., *Plaidoyer pour l'altruisme. La force de la bienveillance*, Éditions Nil, 2013.

Si Ahmed D., *Comment penser le paranormal*, Éditions L'Harmattan, 2006.

Si Ahmed D., *Pour une psychanalyse des expériences exceptionnelles*, Éditions L'Harmattan, 2014.
Tolle E., *Quiétude*, Ariane Publications, 2003.
Tolle E., *Nouvelle Terre*, Ariane Publications, 2005.
William M., Teasdale J., Segal Z. et Kabat-Zinn J., *Méditer pour ne plus déprimer : la pleine conscience, une méthode pour mieux vivre* (préface de Christophe André), Éditions Odile Jacob, 2009.

**Pour en savoir plus**

Vous trouverez nombre de tests psi pour vous entraîner sur :

Le site de l'Institut métapsychique international : www.metapsychique.fr

Le site de Rupert Sheldrake : www.sheldrake.org

Également sur : www.espresearch.com

Pour contacter les auteurs :
Site : www.iclppsy.fr – E-mail : iclppsy@orange.fr